Abraão de Almeida

O TABERNÁCULO E A IGREJA

Entrando com ousadia no santuário de Deus

Preparação de originais: Alexandre Coelho
Revisão: Luciana Alves
Capa e projeto gráfico: Eduardo Souza
Diagramação: Joede Bezerra

CDD: 220.64 – Símbolos e Tipos
ISBN: 85-263-0418-6

As citações bíblicas foram extraídas da versão Almeida e Corrigida, edição de 1995, da Sociedade Bíblica do Brasil, salvo indicação em contrário.

Para maiores informações sobre livros, revistas, periódicos e os últimos lançamentos da CPAD, visite nosso site: http//www.cpad.com.br

SAC - Serviço de Atendimento ao Cliente: 0800-701-7373

Casa Publicadora das Assembléias de Deus
Caixa Postal 331
20001-970, Rio de Janeiro, RJ, Brasil

23ª Impressão/2012 - Tiragem: 1000

SUMÁRIO

PREFÁCIO

Um dos estudos mais proveitosos a que o crente pode dedicar-se é o de Tipologia Bíblica. Tipos são "sombras", ou seja, representações da realidade. Em Hebreus 10.1 lemos: "... tendo a lei a sombra dos bens futuros, e não a imagem exata das coisas..."

Os tipos, em certos casos, aparecem associados aos eventos relacionados com o povo de Deus, como, por exemplo, a passagem de Israel pelo mar Vermelho (1 Co 10.1). Em outros casos, porém, certas instituições apresentam "tipos" de algo muito maior e mais abrangente. Outrossim, alguns objetos servem de tipo ou "sombra" daquilo que é real, permanente e de valor eterno.

Para exemplificar este último caso, temos o Tabernáculo que Israel transportou durante os 40 anos de sua peregrinação no deserto, a caminho da terra de Canaã.

O Tabernáculo é, na Bíblia, descrito com várias acepções, e uma delas é a de "tenda", que se podia armar e desarmar. A sua função principal era a de servir como o lugar de encontro entre Deus e o homem.

O Tabernáculo é também chamado de "Tenda do testemunho" em Números 9.15. Era neste recinto, relativamente simples, que Deus encontrava-se com seu povo: "... à porta da tenda da congregação, perante o Senhor, onde vos encontrarei, para falar contigo ali" (Êx 29.42). Este lugar era santo, consagrado ao culto de Jeová, o Deus vivo e eterno.

Como é grande o contraste entre este Santuário e os santuários ou templos encontrados no Egito, Babilônia e Grécia, nos quais eram entronizados os ídolos mudos e mortos das religiões falsas! No culto a essas divindades prevalecia a mais vergonhosa imoralidade, mas no santuário de Deus encontramos a santidade, a pureza e a reverência.

Esse Tabernáculo, bem como o Templo de Salomão, e o visto por Ezequiel nos capítulos 40 a 43 de sua profecia, simbolizam a Igreja edificada "para morada de Deus em Espírito" (Ef 2.22). Simboliza também o próprio crente cujo corpo "é o templo do Espírito Santo" (I Co 6.19).

Ademais, o Tabernáculo representa, por tipos, a realidade suprema do Céu, onde agora mesmo Cristo, o nosso Sumo Sacerdote, comparece "por nós, perante a face de Deus" (Hb 9.24).

Assim se vê que o estudo do Tabernáculo, com seus ritos, cerimônias e sistema sacerdotal expõe, diante de nós, um rico e vasto campo de lições espirituais que poderemos aproveitar, ao nos dedicarmos a esse estudo.

Esta obra, da pena ungida do escritor Abraão de Almeida, será extremamente útil para quem se dedica ao estudo da tipologia bíblica. Após estudar meticulosamente o assunto em pauta, o leitor sentir-se-á impelido a ter um novo e feliz encontro com Deus.

Pastor N. Lawrence Olson

Nota do Autor: O pastor Lourenço Olson, de saudosa memória, foi um verdadeiro pai espiritual para mim e para milhares de outros brasileiros. O prefácio dele a esta obra — que está entre os meus livros mais bem vendidos tanto em português como em espanhol — enriquece-a, e honra-me sobremaneira.

Guardo do missionário Olson belíssimas recordações. Sua impressionante capacidade de trabalho, sua dedicação, sua humildade, e especialmente o seu grande amor a todos os que tiveram o privilégio de privar da sua sincera amizade. O irmão Lourenço irradiava sempre, aonde quer que fosse, o bom cheiro de Cristo.

Com a partida do querido pastor Lourenço para estar com o Senhor senti-me espiritualmente órfão, como tantos companheiros meus ocupados em servir ao Senhor na área da literatura e do ensino. Porém, consola-nos, a todos, a certeza de que muito breve o veremos de novo, na companhia de quem ele tanto amou e serviu em vida — o Senhor Jesus.

INTRODUÇÃO

O Templo levantado por Moisés no deserto, segundo o modelo que lhe foi mostrado no monte Sinai pelo próprio Deus, é o mais eloqüente de todos os tipos rituais da antiga aliança.

Como uma prefiguração dos fatos do Novo Testamento, ele encontra como antítipos na Nova Aliança não somente Cristo e o cristão, mas também a Igreja no seu todo e mesmo o próprio céu, uma vez que "Cristo não entrou num santuário feito por mão humana, réplica do verdadeiro, e sim no próprio céu, a fim de comparecer, agora, diante da face de Deus a nosso favor" (Hb 9.24 - A Bíblia de Jerusalém).

No estudo que o leitor tem em mãos há abundantes referências às divisões do Tabernáculo, ao seu rico e variado mobiliário, aos materiais empregados na sua construção, às cores, às diferentes ofertas, aos números aplicados às peças e aos sacrifícios, etc., tudo com o sincero desejo de aprofundar os conhecimentos do plano divino para sua vida.

Todas essas riquezas tipológicas, associadas às grandes festas anuais e ao sacerdócio levítico, constituem preciosas e práticas lições sobre como viver hoje a verdadeira vida cristã.

Embora seja do conhecimento do autor que o Tabernáculo tem sido objeto de muitas e edificantes obras, inclusive em português, este livro, entretanto, longe de pretender esgotar tão fértil assunto, se propõe a ser original. Ele focaliza o assunto do ponto de vista do crescimento espiritual, tomando por base a recomendação apostólica: "Antes crescei na graça e no conhecimento de nosso Senhor e Salvador Jesus Cristo" (2 Pe 3.18).

O crescimento na graça, segundo as divisões daquele primeiro Templo israelita, relaciona-se de perto com as três pessoas da Trindade, uma vez que começamos pelo Espírito Santo, prosseguimos na pessoa do Filho de Deus e alcançamos no Pai a medida da estatura da plenitude de Cristo. Nessa progressão estão as três principais virtudes do cristianismo — a fé, a esperança e o amor — bem como as fases da nossa frutificação: 30, 60 e 100 por um, ou seja: fruto, mais fruto e muito fruto (Mc 4.8; Jo 15.1-5; 1 Co 13.13).

Por tais razões, sugiro ao leitor seguir a ordem dos capítulos tal como eles se apresentam, para uma mais proveitosa assimilação do seu conteúdo.

A fim de tornar este livro o mais claro possível, os textos bíblicos do Antigo Testamento relacionados com o Tabernáculo foram extraídos, de preferência, da tradução coordenada por Ludovico Garmus para a Editora Vozes Ltda., edição do Círculo do Livro S.A., pelo fato de nesta Bíblia os obscuros pesos, medidas e valores hebraicos, como côvados, talentos e siclos, estarem equiparados ao nosso conhecido sistema decimal.

O versículo 10 de Êxodo 25, que trata das dimensões da arca, é um bom exemplo de como este texto ficou mais compreensível. Comparemos: "Também farás uma arca de madeira de acácia; de dois côvados e meio será o seu comprimento, de um côvado e meio a largura, e de um côvado e meio a altura" (Almeida Revista e Atualizada no Brasil). "Farás uma arca de madeira de acácia, com 125 cm de comprimento, por 75 cm de largura e 75 de altura" (Ludovico Garmus).

Para as demais citações, tanto do Novo como do Antigo Testamento, servi-me das edições Revista e Atualizada (ARA) e Revista e Corrigida (ARC), respectivamente da Sociedade Bíblica do Brasil e da Imprensa Bíblica Brasileira, ambas na tradução de João Ferreira de Almeida. Há ainda citações da Tradução Brasileira e da Bíblia de Jerusalém (Edições Paulinas).

Por outro lado, conhecendo de perto a agitada vida moderna, com seu tão pouco tempo para a leitura, intencionalmente transcrevi o maior número possível de passagens da Escritura, dando ao leitor oportunidade de comparar o meu comentário com a própria Palavra de Deus, mesmo não tendo à mão um exemplar da Bíblia.

O excepcional interesse demonstrado pelos que ouviram pelo menos um dos inúmeros estudos acerca desse interessante tema, que ministrei no Brasil e em outros países, animoume a escrever este livro. Alguns irmãos chegaram a confessar, depois de acompanhar os passos do nosso crescimento cristão, que nunca mais foram os mesmos crentes. Eles tiveram uma clara visão dos elevados propósitos divinos para suas vidas, e entraram assim numa nova dimensão espiritual.

É meu sincero desejo que o inesgotável manancial de inspiração e ensinamento, que é o Tabernáculo, sacie no leitor amigo a mais profunda sede de Deus, e lhe dê a necessária "intrepidez para entrar no Santo dos Santos, pelo sangue de Jesus" (Hb 10.19), e assim experimentar "toda sorte de bênção espiritual nas regiões celestiais em Cristo" (Ef 1.3 - ARA).

Quanto maior for o número dos que avançam ousadamente para o Santíssimo Lugar, mais poderosamente brilhará, nas trevas densas deste mundo, a refulgente luz do testemunho cristão.

Não poderia encerrar estas notas sem antes tornar pública minha gratidão a algumas pessoas muito queridas, que tiveram importante participação nesta obra: minha esposa Lúcia, pelo constante estímulo e apoio; Eldir Gois, que foi minha eficiente secretária na CPAD; e minha filha Elaíse, pelas repetidas datilografias do texto. Também a Ronaldo Antunes, pelas primorosas ilustrações.

Hollywood, Califórnia, 1999.

Abraão de Almeida

1

A TIPOLOGIA BÍBLICA

Antes de considerarmos especificamente a tipologia do Tabernáculo, achamos conveniente salientar aqui algumas definições de tipologia, bem como dar alguns poucos exemplos. Como procuramos ser, neste primeiro capítulo, o mais conciso possível, muitas passagens bíblicas estão aqui apenas referenciadas, não transcritas.

O tipo bíblico é uma representação pré-ordenada, pela qual pessoas, eventos e instituições do Antigo Testamento prefiguram pessoas, eventos e instituições do Novo Testamento. São figuras, ou lições, pelas quais Deus tem ensinado a seu povo o seu plano redentor e seus elevados propósitos para a vida cristã. São uma mostra de coisas vindouras e não a verdadeira imagem dessas coisas (Cl 2.17; Hb 8.5; 10.1).

Todo o sistema mosaico, por exemplo, foi como um jardim de infância no qual o povo de Deus foi educado nas coisas divinas e ensinado a ver assim a realidade das coisas futuras.

A Bíblia usa diversas palavras para tipos, como: sinal (Jo 20.25); figura (At 7.43; Rm 5.14; I Co 10.11); forma

(Rm 6.17); parábola, alegoria (Hb 9.9); modelo (At 7.44; Hb 8.4,5); sombra (Cl 2.14; Hb 8.5), e exemplo (Fp 3.17; I Tm 4.12; I Pe 5.3; 2 Pe 2.6).

Alguns dos nomes para os antítipos: verdadeira figura (I Pe 3.21); mesma imagem (Hb 10.1); coisas celestiais (Hb 9.23); verdadeiro (Hb 9.24) e Espírito (2 Co 3.6).

O tipo é o objeto da lição, a revelação temporária de uma pessoa, um acontecimento ou uma instituição vindoura. O antítipo é o cumprimento daquilo que havia sido predito.

São necessários um ou mais pontos de afinidade entre o tipo e o antítipo (Cl 2.14-17; Hb 10.1). O tipo precisa ser profético em todos os pontos de semelhança com o antítipo, e precisa verdadeiramente prefigurar as coisas vindouras (Jo 3.14; Rm 5.14; Hb 8.5; 9.23,24; I Pe 3.21).

O tipo é sempre terrestre, enquanto o antítipo pode ser tanto terrestre como celestial (Hb 8.5; 9.24; I Pe 3.21).

Desde que tipo e antítipo, ou seja, figura e cumprimento, necessitem ser pré-ordenados como parte de um mesmo plano divino, eles não podem ser escolhidos pelo homem (2 Tm 3.16). Por isso, a autoridade dos tipos e sua aplicação provêm unicamente da Bíblia, que exige o endosso de pelo menos três testemunhos para confirmar uma verdade (2 Co 13.1).

Feitas essas ligeiras observações, consideremos agora alguns exemplos bíblicos de tipos e antítipos.

Noé, a Arca e o Dilúvio

Enoque, por haver andado com Deus, foi trasladado para o céu antes que a maldade humana chegasse ao auge, e Deus tivesse de desencadear o julgamento do dilúvio.

A união dos filhos de Deus com as filhas dos homens havia gerado gigantes, valentes e varões de fama, mas Deus viu que "a maldade do homem se havia multiplicado na terra, e que era continuamente mau todo o desígnio de seu coração" (Gn 6.5). Por isso Deus anunciou o dilúvio:

> *Viu Deus a terra, e eis que estava corrompida; porque todo ser vivente havia corrompido o seu caminho na terra. Então, disse Deus a Noé: Resolvi dar cabo de toda carne, porque a terra está cheia de violência dos homens: eis que os farei perecer juntamente com a terra. Faze uma arca de tábuas de cipreste... Assim fez Noé, consoante a tudo o que Deus lhe ordenara (Gn 6.12-14,22 - ARA).*

Nada menos do que o fim de toda a carne produziria efeito. Os valentes e os varões de fama tinham de ser igualmente varridos da face da terra. Tinha de haver completa destruição de tudo o que havia sido corrompido.

Tal ocorre em nossos dias. Como nos tempos de Noé, a mensagem do iminente juízo divino não encontra aceitação por parte dos políticos, intelectuais, artistas, "valentes" e "varões de fama". A cultura, a política e a própria religião parecem indicar que o "modus vivendi" prosseguirá inalterável. Os cidadãos continuam comendo, bebendo, casando-se e dando-se em casamento. Falar em juízo é loucura.

Assim como a longanimidade de Deus esperava nos dias de Noé, assim também hoje Deus não quer que alguns se percam: "Não retarda o Senhor a sua promessa, como alguns a julgam demorada; pelo contrário, ele é longânimo para convosco, não querendo que nenhum pereça, senão que todos cheguem ao arrependimento" (2 Pe 3.9 - ARA).

Assim como só havia uma arca, e esta só possuía uma porta, assim também só há uma arca de salvação hoje. Ela foi terminada no Calvário, e sua única Porta, Jesus Cristo, ainda está aberta a todos que queiram abrigar-se do juízo divino (Jo 10.9). O tempo para a salvação é hoje. Amanhã pode ser tarde demais (Hb 3.7,8).

Abraão oferece Isaque

"E disse [Deus]: Toma agora o teu filho, o teu único filho, Isaque, a quem amas, e vai-te à terra de Moriá; e oferece-o ali em holocausto, sobre uma das montanhas que eu te direi.

Então levantou-se Abraão pela manhã, de madrugada, e albardou o seu jumento, tomou consigo dois dos seus moços e Isaque, seu filho; e fendeu lenha para o holocausto, e levantou-se, e foi para o lugar que Deus lhe dissera...

Então Abraão levantou os seus olhos e olhou, e eis um carneiro preso detrás dele, travado pelas suas pontas, num mato; e foi-se Abraão, e tomou o carneiro, e ofereceu em holocausto, em lugar de seu filho" (Gn 22.2,3,13).

Abraão estava disposto a obedecer, por isso levantou-se de madrugada e preparou-se para a longa viagem até o monte Moriá. Cada incidente, ao longo do caminho, reveste-se de profundo significado. Ao pé do monte, disse Abraão a seus moços: "Ficai-vos aqui com o jumento, e eu e o moço iremos até ali, e havendo adorado, tornaremos a vós" (Gn 22.5).

O "tornaremos" indica a fé profunda do patriarca, que acreditava que Deus era poderoso para substituir seu filho, ou mesmo ressuscitá-lo.

À pergunta natural de Isaque: "Eis aqui o fogo e a lenha, mas onde está o cordeiro para o holocausto?" (Gn 22.7), Abraão responde com convicção: "Deus proverá para si o cordeiro para o holocausto" (v. 8).

Deus, o Pai, identificado neste texto como aquEle que provê (*Iawé-Jiré*), honrou a fé nEle depositada, e proveu uma vítima substituta para Isaque, mas somente depois de Abraão haver ido até o fim na sua obediência à ordem do Senhor.

Assim como Isaque, que já não era uma criança e poderia facilmente ter evitado tornar-se uma vítima, assim também o outro Isaque, o Senhor Jesus Cristo, poderia, se o desejasse, ter evitado a cruz. Eis as suas palavras:

> *Dou a minha vida pelas ovelhas... Ninguém ma tira de mim, mas eu de mim mesmo a dou... Este mandamento recebi de meu Pai (Jo 10.15,18).*

O autor da carta aos Hebreus afirma que Cristo orou com grande clamor e lágrimas àquEle que podia livrá-lo da morte (Hb 2.14,15), mas voluntariamente submeteu-se à vontade do Pai, "sendo obediente até à morte, e morte de cruz" (Fp 2.8).

Muito mais forte que o amor de Abraão por Isaque foi e ainda é o amor do Pai Celestial por seu Filho Jesus. Contudo, Deus o entregou à morte para nos salvar, provando o seu amor por nós, sendo nós ainda pecadores (Rm 5.8; 8.32; Jo 3.16).

Abraão encontrou um substituto para Isaque, mas para Jesus não havia substituto. Sua oração para que, se possível, o amargo cálice do sofrimento e da morte lhe fosse tirado, teve de ser complementada por outra: "não seja, porém, o que eu quero, mas o que tu queres" (Mc 14.35,36).

Uma noiva para Isaque

Se no drama de Moriá — onde mais tarde se ergueria o Templo israelita — temos em Abraão e no cordeiro figuras de Deus Pai e Deus Filho, no casamento de Isaque deparamo-nos com tipos de toda a Trindade.

Se Isaque foi um tipo fiel de Cristo em sua obediência até à morte, também o foi em relação ao seu casamento com Rebeca — uma noiva oriunda de sua parentela.

Eliezer, em cuja mão estava toda a fazenda do seu senhor, tipifica o Espírito Santo, enviado à terra para preparar e levar até Cristo uma noiva "gloriosa, sem mácula, nem ruga, nem coisa semelhante, mas santa e irrepreensível" (Ef 5.27).

É interessante notar que, na seqüência de Gênesis, Cristo morre no capítulo 22 como o "cordeiro de Deus que tira o pecado do mundo" (Jo 1.29); no capítulo seguinte dá-se a morte de Sara, sua mãe natural, como tipo de Israel, e então, no capítulo 24, a Igreja é chamada para ocupar sua elevada posição de noiva do Cordeiro, depois de derrubada a parede de separação entre judeus e gentios (Ef 2.14).

Em sua missão de buscar uma noiva para Isaque, Eliezer tomou dez camelos, nos quais levou "vasos de prata e vasos de ouro, e vestes, e deu-os a Rebeca" (Gn 24.53).

Na Bíblia, o número dez significa perfeita ordem divina, onde nada falta. Por isso a Rebeca do Novo Testamento, a Igreja de Cristo, não tem falta de nada. Ela recebeu da parte do Pai (Abraão), por intermédio do Espírito Santo (Eliezer), os seguintes dons:

Vasos de prata. A prata é símbolo de resgate (Êx 30.12-16; Lv 5.15), e aponta para a obra expiatória de Cristo no Calvário. Os vasos de prata são a primeira coisa mencionada na relação dos presentes dados a Rebeca por Eliezer. Como noiva de Cristo, fomos salvos mediante o lavar regenerador e renovador do Espírito Santo, que aplicou nas nossas vidas o sangue purificador de Cristo (Tt 3.5; I Jo 1.7).

Vasos de ouro. O ouro indica a glória de Deus, como o metal presente nos lugares Santo e Santíssimo do Tabernáculo, onde se manifestava a glória divina (2 Co 3.18).

Vestidos. Rebeca recebeu de Eliezer vestidos. A Igreja jamais poderá ser apresentada ao seu Noivo trajada dos trapos imundos da sua própria justiça. Por isso o Espírito Santo dá-lhe vestidos apropriados — vestidos de salvação e vestidos de louvor (Is 61.3,10).

José, o mais perfeito tipo de Jesus

Quando olhamos para Cristo como objeto do amor do Pai ou do ódio de seus irmãos, vêmo-lo maravilhosamente simbolizado em José, o primeiro filho de Jacó e Raquel.

O amor de Jacó por José era tão forte que seus irmãos se encheram de inveja e não podiam falar-lhe pacificamente. Assim como Jacó não escondia seu amor pelo filho da sua velhice, assim também o Pai Celestial não escondeu seu amor por seu Filho. Os Evangelhos registram o testemunho audível do próprio Deus, ocorrido em diversas ocasiões (Mt 3.17; 17.5). O próprio Jesus referiu-se diversas vezes ao amor com que era amado pelo Pai (Jo 15.9; 17.23,24).

Por outro lado, os demais filhos de Jacó, por não cederem ao pensamento de exaltação de José revelado em seus sonhos, e por não terem seus corações em comunhão com os elevados propósitos do filho amado de Jacó, odiaram-no a ponto de o venderem como escravo.

Da mesma maneira se comportaram os judeus dos dias de Jesus, que "veio para os que eram seus, mas os seus não o receberam" (Jo 1.12). Não o reconheceram nem como Rei de Israel nem como o Filho de Deus, porque seus olhos não estavam abertos para ver a sua glória, "como a glória do unigênito do Pai, cheio de graça e de verdade" (Jo 1.14). Compare com Gênesis 37.4 (ARA): "Vendo, pois, seus irmãos, que o pai o amava mais que a todos os outros filhos, odiaram-no e já não lhe podiam falar pacificamente".

Jesus, ao contar a parábola dos lavradores maus, fala de si mesmo quando diz: "E, por último enviou-lhes seu filho, dizendo: Terão respeito a meu filho. Mas os lavradores, vendo o filho, disseram entre si: Este é o herdeiro; vinde, matêmo-lo e apoderemo-nos da sua herança..." (Mt 21.37,38). Veja o que a Bíblia diz de José: "E viram-no de longe e, antes que chegasse a eles, conspiraram contra ele para o matarem" (Gn 37.18).

Na bênção de Jacó a José (Gn 49.22-26) está escrito que os flecheiros lhes deram amargura, mas o Deus Todo-poderoso o abençoaria com bênçãos que excederiam as bênçãos de Abraão e Isaque. Assim aconteceu com Jesus, o bem amado do Pai. Não tiveram respeito pelo Filho, mas lançaram-no fora.

Deus e os homens estavam em discórdia acerca de Cristo, e ainda o estão. Eles o crucificaram, mas Deus o ressuscitou dentre os mortos. Os homens o colocaram entre malfeitores, porém Deus o colocou à sua direita, nas alturas. Os homens deram-lhe o lugar mais baixo na terra, mas Deus deu-lhe o lugar mais elevado nos céus, em inigualável majestade.

As jornadas de Israel

De dia numa nuvem e de noite numa coluna de fogo, o Senhor estava com seu povo para assisti-lo em todas as suas necessidades. Assim como "o Senhor ia adiante deles" (Nm 13.21), assim também Jesus, ao tirar para fora suas ovelhas, "vai adiante delas" (Jo 10.4).

A passagem pelo mar. Todos os cavalos e carros de Faraó partiram em perseguição aos israelitas e os acharam acampados em Pi-Hairote (Êx 14.9). Por que Deus ordenou que o povo acampasse, se corria tanto perigo? Por que Deus não conduziu logo o povo para longe das vistas do inimigo?

Pela mesma razão por que Jesus ainda se demorou dois dias quando soube da doença de seu amigo Lázaro. A demora de Israel trouxe maior glória a Deus e maior vitória ao povo. Os egípcios foram derrotados para sempre!

Na travessia do mar Vermelho vemos ainda uma preciosa lição aprendida por Israel. Hebreus 11.29 afirma que eles "pela fé passaram o mar Vermelho". Isso significa que eles não viam o caminho, pois então estariam seguindo por vista, e não por fé. O mar abria-se à medida que o povo avançava, passo a passo, numa completa e contínua dependência de Deus.

Mara, Elin e Sinai. O calor abrasador do deserto fez com que Israel depressa se esquecesse dos grandes e recentes feitos de Deus. Os cânticos de vitória, de fé e de louvor deram lugar ao medo, à dúvida e à murmuração: "Que havemos de beber?"

A Igreja militante, que atravessa os desertos pecaminosos deste mundo, pode estar certa de que o mesmo Deus de Israel, que tornou doces as águas amargas de Mara (Êx 15.23-27), continua dulcificando as amarguras da sua peregrinação por meio daquele madeiro verde (Lc 23.31), uma vez lançado às águas da morte.

A jornada entre Elin e o Sinai tem sido considerada uma das mais importantes na história de Israel, pelo fato de esse povo ter deixado as águas refrescantes do ministério da graça de Deus em Elin (Êx 15.27), onde havia doze fontes de água e setenta palmeiras (compare com Lc 9.1; 10.1), para sujeitar-se à lei das obras no Sinai.

Nessa caminhada Deus providenciou para seu povo o maná, a carne e a água. A Igreja, como o Israel de Deus na dispensação da graça, desfruta do verdadeiro Maná do céu (Jo 6.51), alimenta-se da "carne" do Filho do homem (Jo 6.53-56) e bebe água pura da Rocha ferida (Jo 7.37).

Constitui especial advertência para nós o fato de Israel não ter sabido apreciar o paladar do pão celestial. Nas suas murmurações eles ofenderam a graça divina, dizendo: "Nossa alma tem fastio deste pão tão vil" (Nm 21.5). Seus corações incrédulos e endurecidos estavam ainda nas panelas de carne do Egito (Êx 16.3; At 7.39).

Do Sinai ao Jordão. A partir do Sinai, todas as jornadas de Israel seriam controladas por trombetas de prata sob os cuidados dos sacerdotes (Nm 10.1-10). Estes, ao notarem o movimento da nuvem, executariam o toque apropriado, ao qual cada israelita deveria estar atento.

Recusar-se a avançar com esse toque seria ficar nas trevas, e avançar sem o toque seria o mesmo que andar nas trevas. O caminho da obediência, para Israel, se relacionava unicamente com a nuvem.

O mesmo ocorre hoje. Se alguém não obedece a Cristo, a Luz do mundo, se não ouve a sua voz e o segue, ainda permanece nas trevas (Jo 8.12; I Co 10.1; I Jo 1.6).

O fracasso de Israel em Cades (Nm 13.25-33) pode ser explicado com uma só palavra: incredulidade. Cedo o povo esqueceu-se da fidelidade divina em prover todas as coisas, inclusive vitória sobre os mais poderosos inimigos.

A Igreja sofre hoje as mesmas tentações e manifesta as mesmas fraquezas dos israelitas do passado. Inúmeros povos estão ainda por ser evangelizados exatamente porque os cristãos têm medo de inimigos que consideram gigantes, como as fortes tradições católicas, muçulmanas, budistas, etc., ou ideologias políticas hostis ao Evangelho, como o comunismo.

A Igreja precisa ser valente como Josué e Calebe, que não se acovardaram como os outros espias.

Se a incredulidade é própria do homem natural, a fé é uma virtude do homem espiritual. Israel rebelou-se por estar na carne, e não no Espírito. A carne não pode herdar o reino de Deus, e por isso os incrédulos caíram no deserto durante quarenta anos (Nm 14.21-23).

Somente depois de caírem no deserto todos os incrédulos (Nm 26.64,65), Moisés faz nova contagem do povo que vai possuir a terra. Dos 600 mil guerreiros, somente os dois homens de fé, Josué e Calebe, ficam para receber o galardão.

O descanso em Canaã

Capitaneados pelo sucessor de Moisés, Israel transpõe o Jordão e toma posse da Terra Prometida, onde deveria repousar de suas peregrinações.

Todavia, muitos não puderam entrar por causa da incredulidade, como já vimos. "Ora, quais os que, tendo ouvido, se rebelaram; não foram, de fato, todos os que saíram do Egito por intermédio de Moisés? E contra quem se indignou quarenta anos?... Vemos, pois, que não puderam entrar por causa da incredulidade" (Hb 3.16-19).

Depois de todas as suas obras criadas, Deus repousou no sétimo dia, diz Gênesis 2.2, evidentemente referindo-se à sustentação de todas as obras da criação e ao seu governo, que então tiveram início. O Salmo 95, citado pelo autor da carta aos Hebreus, mostra que o repouso prometido por Deus é ainda futuro, embora em alguns aspectos ele se manifeste em algumas antecipações, incluindo a própria terra (Lv 25.1-5).

O reinado abençoado de Salomão, cujo próprio nome significa paz, prefigura o reinado do Príncipe da paz no Milênio (Is 9.6,7), quando estas palavras de Salomão terão significado ainda muito mais profundo: "Porém agora o Senhor meu Deus me tem dado descanso de todos os lados: adversário não há, nem algum mau encontro" (I Rs 5.4).

Nesta presente dispensação da graça, Cristo concentra em sua pessoa a plenitude do repouso prometido por Deus, razão por que nEle o pecador encontra o verdadeiro descanso para sua alma fatigada e aflita (Mt 11.28,29).

Por ser o verdadeiro antítipo do sábado, e o Senhor dele (Mc 2.28), de preferência escolheu Jesus esse dia para dar descanso aos pobres e necessitados, embora Ele mesmo, como homem "experimentado nos trabalhos" (Is 53.3), desconhecesse aqui repouso, pois não tinha onde reclinar a cabeça (Mt 8.20).

O repouso pleno, entretanto, inclui a redenção final do nosso corpo, por ocasião da sua transformação ou ressurreição no glorioso dia da vinda de Cristo (2 Co 5.4,5; I Ts 4.16,17), e para esse dia a Igreja militante avança peregrina, pois somente então todas as suas provações e dores definitivamente cessarão.

A expressão usada por Deus é "meu descanso" (Sl 95.11), e isso quer dizer um verdadeiro, perfeito e eterno descanso. Assim como Josué, tipo de Cristo, introduziu o povo no descanso de Canaã, assim o capitão Jesus, como antítipo de Josué, introduzirá o Israel de Deus do Novo Testamento, a Igreja, na Canaã Celestial, onde nada haverá que perturbe o sábado da eternidade, no qual o próprio Deus Trino se regozijará na obra de suas mãos.

A profecia no Cântico dos Cânticos

Afirmam alguns estudiosos da Bíblia, entre eles N. W. Hutchings, que o Cântico dos Cânticos tem por base um dos primeiros namoros de Salomão como rei de Israel. O pano de fundo desse cântico seria uma vinha que o rei possuía em Baal-Hamon, ao norte do país, da qual, por falta de cuidado dos trabalhadores, pássaros e animais selvagens comiam as uvas.

O rei, então, disfarçado de pastor, foi a Baal-Hamon inspecionar sua vinha, e ali encontrou a linda camponesa sulamita. Ambos se apaixonaram um pelo outro. Como Salomão tivesse de retornar a Jerusalém a negócios, antes de partir prometeu à sulamita que voltaria e se casariam.

O rei cumpriu a sua promessa, levando a jovem para o seu palácio e casando-se com ela. Mas, apesar de todo o esplendor da corte, a sulamita sentia saudades da sua terra natal, e por isso Salomão voltou com ela a Baal-Hamon.

Creio que esse lindo cântico de Salomão — o único que chegou até nós dos 1005 que ele escreveu (I Rs 4.32) — possui uma preciosa lição tipológica acerca do futuro. No Cântico, Salomão é um tipo do Senhor Jesus, e a camponesa sulamita um tipo da Igreja. O amor que nutrem um pelo outro ilustra bem o amor de Jesus pela Igreja:

> *Vós, maridos, amai as vossas mulheres, como também Cristo amou a igreja, e a si mesmo se entregou por ela* (*Ef* 5.25).

O esplendor de Salomão, descrito em I Reis 10.14-29, aponta para o Senhor Jesus Cristo como o Criador do universo. E assim como o mais rico dos homens vai a Baal-Hamon disfarçado de simples pastor, assim veio Jesus à terra em pobreza, sem ter sequer onde repousar a cabeça. Diz a Bíblia: "A vinha do Senhor dos Exércitos é a casa de Israel" (Is 5.7), a quem Jesus foi enviado: "Eu não fui enviado senão às ovelhas perdidas da casa de Israel" (Mt 15.24).

Do mesmo modo, Salomão foi como pastor às vinhas de Baal-Hamon. E, parece-nos, pelas palavras do Cântico, que os empregados da vinha não reconheceram Salomão e o expulsaram, exatamente como Israel não reconheceu a Jesus Cristo como o Messias, o Rei da glória. Lemos em João 1.11-12: "Veio para o que era seu, e os seus não o receberam. Mas a todos quantos o receberam deu-lhes o poder de serem feitos filhos de Deus: aos que crêem no seu nome".

Mesmo sendo Salomão rejeitado por seus próprios empregados em Baal-Hamon, a empregada sulamita não o rejeitara. Salomão significa paz em hebraico, e, portanto, como rei, ele era príncipe da paz. Sulamita é a forma feminina de Salomão, e significa filha da paz.

Apresento aqui um resumo dos tipos de Cântico dos Cânticos e seus correspondentes antítipos no Novo Testamento:

- A pergunta da Sulamita em 1.7; a resposta de Jesus em João 10.14.
- A Sulamita, sendo estrangeira, representa todos os povos gentílicos, pelos quais Jesus morreu (Jo 3.16; Mc 16.15).
- A sulamita apresenta Salomão à sua mãe, que tipifica as nações (3.4); são os crentes de cada nação que apresentam Jesus ao seu povo (Mt 28.19-20).
- Salomão deseja entrar no lar da sulamita (2.9); Jesus deseja entrar em nosso coração (Ap 3.20).
- Quando a sulamita abre a porta, Salomão a saúda dizendo que o tempo de cantar chegou, que as flores estão florescendo, e que já se ouve a voz das pombas (2.10-12); Jesus, ao entrar em nossa vida, dá-nos uma nova existência e o gozo do Espírito Santo, simbolizado pela pomba (Mt 3.16). Veja também Lucas 12.27-31.

• O noivo chama a sulamita de jardim fechado, irmã minha, noiva minha, manancial fechado, fonte selada (4.12); a Igreja é uma virgem pura, santificada (2 Co 11.2).

• O banquete associado com a mirra e a especiaria apontam para a última ceia (5.1) realizada na noite em que Jesus foi traído por Judas.

• Mirra e especiarias estão associadas com a preparação de um corpo para a sepultura, e por isso a sulamita tem um conturbado pesadelo (5.2-5). Nesse pesadelo temos uma cena noturna (o orvalho) no Getsêmani, e uma figura de Cristo suando sangue (gotas da noite), despido da sua túnica (sobre a qual os soldados lançaram sortes), e tendo os pés lavados (ungidos para o sepultamento (Mt 26.12). Uma cena típica da crucificação.

• A descida de Salomão ao seu jardim, para colher os lírios (6.2) pode significar a ida de Jesus ao paraíso (Lc 23.43), onde colheria os seus lírios, isto é, levaria "cativo o cativeiro" (Ef 4.8).

• Quando a sulamita abre a porta, o noivo já não estava mais lá (5.6,7), o que indica a ascensão de Jesus ao céu (Lc 24.51).

• Perguntada acerca de seu noivo, a sulamita o descreve em 5.10-16, descrição que corresponde à de Jesus glorificado (Lc 9.28-36; Ap 1.12-16).

• Ao despertar de seu sono, a sulamita vê que seu noivo volta para ela, não como um pobre pastor, mas em poder e glória (3.6-8), apontando para a volta de Cristo (Mt 24.30). Quando Jesus retornar no final do período da Tribulação a fim de salvar Israel, virá como Rei dos reis e Senhor dos senhores (Ap 19.12,13), com aquela glória que a camponesa sulamita viu Salomão.

- A sulamita sobe do deserto encostada ao seu amado (8.5), o que corresponde ao rapto da Igreja (I Ts 4.16,17).
- A transformação da camponesa sulamita em rainha ilustra a transformação que experimentaremos na volta do Senhor (I Co 15.51,52).

Cântico dos Cânticos, portanto, traz lições tipológicas importantíssimas para todos nós hoje. É como afirma Paulo em I Coríntios 10.11: "Tudo isto lhes sobreveio como figuras, e estão escritas para aviso nosso, para quem já são chegados os fins dos séculos".

2

O TABERNÁCULO

Afirma a Palavra de Deus que "tudo que dantes foi escrito para o nosso ensino foi escrito, a fim de que, pela paciência e consolação das Escrituras, tenhamos esperança" (Rm 15.4).

O Tabernáculo, construído por Moisés no deserto, deixou profundas lições para a Igreja, tanto através da rica tipologia dos seus objetos, como também pelo significado espiritual do sacerdócio, dos sacrifícios e das celebrações anuais.

O Tabernáculo (hebraico *Mishkãn*), significa lugar de habitação, indicando o lugar da presença de Deus na Luz, que por sua vez é chamada de *Shekinah*. Antes do Tabernáculo havia a *Tenda*, ou *Tenda da Congregação*, erigida como um lugar especial de adoração.

As ofertas

Uma dessas importantes lições está nas ofertas do povo, atendendo ao apelo divino através de Moisés:

> *Fala aos filhos de Israel que me tragam uma oferta alçada. De todo homem cujo coração se mover voluntariamente, dele*

> *tomareis a minha oferta alçada. E esta é a oferta alçada que tomareis deles: ouro, prata e bronze, e pano azul, e púrpura, e carmesim, e linho fino e pêlos de cabras, peles de carneiro, tintas de vermelho e peles de texugo, e madeira de cetim, e azeite para a luz, e especiarias para o óleo de unção, e especiarias para o incenso, e pedras sardônicas, e pedras de engaste para o éfode e para o peitoral (Êx 25.2-7 - ARA).*
>
> *Todo homem e mulher, cujo coração voluntariamente se moveu a trazer alguma coisa para toda a obra que o Senhor ordenara se fizesse pela mão de Moisés, aquilo trouxeram os filhos de Israel por oferta ao Senhor (Êx 35.29).*

As ofertas espontâneas foram tão abundantes que os artífices interromperam seu trabalho para dizer a Moisés:

> *O povo traz muito mais que basta para o serviço da obra que o Senhor ordenou se fizesse. Então mandou Moisés que fizessem passar uma voz no arraial dizendo: Nenhum homem nem mulher faça obra alguma para a oferta alçada do santuário. Assim, o povo foi proibido de trazer mais. Porque tinham material bastante para toda a obra que havia de fazer-se, e ainda sobejava (Êx 36.5-7).*

Que lição preciosa! Cada um deu espontaneamente do que possuía, e não foi necessário descer ao Egito em busca de ajuda. Quando cada crente entende que a oferta é parte vital na comunhão com Deus e dá liberalmente, a Igreja não precisa descer ao "Egito" (ao mundo) e mendigar a ajuda dos infiéis!

Bem escreveu Arnold Doolan, em sua obra "O Tabernáculo no Deserto", p. 15:

> *Que insigne exemplo de devoção ao Senhor e de obediência ao seu mandamento. É impossível computar o valor*

"Dize aos israelitas que ajuntem ofertas pra mim..."

de tudo quanto foi oferecido pelos israelitas, tudo dado espontaneamente e de muito boa vontade, para a construção do Tabernáculo e dos seus apetrechos. Devia representar uma elevadíssima soma.

Contudo, o que mais impressiona o meu coração é o fato de que tudo deram voluntariamente e de todo o coração. Eles ouviram a voz do Senhor e corresponderam imediatamente. Sem dúvida, o Diabo era bastante astucioso para insinuar que aquela obra envolvia despesas extraordinárias, que o custo de vida seria elevado e que era prudente poupar ou guardar cuidadosamente o que possuíam.

Mas os filhos de Israel, naquele tempo de sua história, tinham os seus olhos postos no Senhor, e a vontade do Senhor era de suprema importância para todos eles.

A ordem das tribos no acampamento

Como um templo destinado a acompanhar os israelitas no deserto, o Tabernáculo era desmontável e podia ser conduzido de um lugar a outro. Para o honroso trabalho de cuidar e transportar os objetos componentes, foram escolhidas as famílias de Gérson, Coate e Merari.

Os gersonitas se acamparam atrás do santuário, ou seja, ao ocidente, e cuidaram do exterior da tenda, como vigias. Os coatitas ficaram ao sul, e eram responsáveis pelo cuidado da Arca, da mesa, do candelabro, dos altares e de todos os vasos sagrados. Os meraritas situaram-se do lado norte, e respondiam pela conservação e transporte das tábuas, das travessas, das colunas, das cordas, das estacas e das bases.

Os exércitos de Israel acampavam-se ao redor do Tabernáculo observando a seguinte ordem:

- Para o oriente, guardando a porta de entrada do Tabernáculo, ficava o exército de Judá, de 74.600 homens, e junto a ele, o de Issacar, de 54.400, e o de Zebulom, de 57.400 (Nm 2.3-9).
- Do lado sul ficava o exército de Rúben, de 46.500 soldados, e mais os de Simeão, de 59.300, e Gade, de 45.650 (Nm 1.21-25).
- Do lado norte ficavam os de Dã, de 62.700 soldados, de Aser, de 41.500, e de Naftali, de 53.400 (Nm 1.39-43).
- E, finalmente, do lado oeste, ou seja, à retaguarda do Tabernáculo, ficavam os exércitos de Efraim, de 40.500 soldados, de Manassés, de 32.200, e de Benjamim, de 35.400 (Nm 2.18-23).

O Tabernáculo estava sempre voltado para o oriente, isto é, para o lugar do nascimento do sol, certamente apontando para a pessoa de Jesus, anunciado pelo profeta Malaquias como o Sol da Justiça, que traz a salvação debaixo das suas asas (Ml 4.2). As peças principais desse santuário tomavam a forma de uma cruz, também apontando para Jesus (2 Co 5.18).

O fato de a tribo de Judá guardar a porta do Tabernáculo é muito significativo pois, nas bênçãos de Jacó a seus filhos, ele diz em Gênesis que Judá era como um leão, figura que aparece também no último livro das Escrituras, onde Jesus nos é apresentado como o Leão da Tribo de Judá (Gn 49.9; Ap 5.5).

Separação e comunhão

O Tabernáculo estava separado da congregação por uma cerca constituída de 60 colunas de bronze, sobre as quais apoiava-se um cortinado de linho branco, de dois metros e meio de altura. Isso fala da separação entre Deus e o pecador (Êx 39.10-15,19,31; Is 59.2).

O número 6 e seus múltiplos, como no caso dessas colunas, associam-se ao número 7, que é o número de peças do Tabernáculo. Como o 6 relaciona-se com o homem e o 7 com Deus, temos no Tabernáculo a comunhão, ou o encontro do homem com a Divindade.

O número 6 aparece em muitos lugares do Tabernáculo, como nas duas fileiras de pães da proposição (de seis cada uma) e no número de braços do candelabro de ouro (três de cada lado da haste central; Jesus, como o tronco, sustenta as varas).

As colunas e os véus

As quatro colunas da entrada do Tabernáculo têm também um significado muito importante. Em Êxodo 27.16 lemos:

E à porta do pátio haverá uma coberta de vinte côvados, de pano azul, e púrpura, e carmesim, e linho fino torcido, de obra de bordador; as suas colunas, quatro, e as suas bases, quatro.

Estas quatro colunas representam ou falam da oportunidade para todos, pois o número quatro está sempre relacionado com a plenitude da terra. Todos têm a oportunidade de entrar no Santuário (Mt 24.31; Jo 3.16).

Os quatro véus que cobrem as quatro colunas de entrada da tenda, e por suas cores significativas, apontam para os quatro Evangelhos, pela ordem em que estes aparecem no Novo Testamento.

Comparemos essas cores com os retratos de Jesus que os quatro evangelistas nos deram:

A púrpura. Esta cor era obtida de um molusco gastrópode da família dos muricídeos. Por ser um produto caro, era utilizada pelos reis e pelas pessoas ricas. Por relacionar-se com a realeza, a púrpura aponta para o Evangelho segundo Mateus, que é o Evangelho do Rei. Mateus é o evangelista que mais enfatiza esse aspecto do caráter de Jesus. Quatorze vezes ele se refere a Jesus como Filho de Davi, o famoso rei de Israel cuja descendência Deus prometeu perpetuar no trono de Israel.

O Messias viria com o Rei, conforme a profecia de Zacarias 9.9 (ARA): "Eis aí te vem o teu Rei". Por isso Mateus registra a genealogia de Jesus, pois um rei precisa provar a sua ascendência real.

O carmesim. O Evangelho segundo Marcos está relacionado com a cor carmesim, ou seja, com o sangue que aponta para o servo sofredor, para o Messias na cruz, conforme a profecia de Isaías 42.1:

Eis aí o meu servo, a quem sustento, o meu escolhido, em quem se compraz a minha alma; pus o meu Espírito sobre ele; juízo produzirá entre os gentios.

Um servo não precisa de genealogia, por isso Marcos não trata da ascendência do Senhor. Mateus, em seu Evangelho, focaliza a pessoa de Jesus do ponto de vista de sua realeza, e isto nos leva ao Lugar Santíssimo do Tabernáculo, onde Deus habitava sobre o propiciatório, entre os querubins da glória.

Marcos, por sua vez, já apresenta os traços de Jesus do ponto de vista da cruz, como servo sofredor, e isto nos leva ao altar de bronze, ou dos holocaustos. Percebemos esses pontos de vista claramente expressos em Mateus 13.23 e Marcos 4.8,20, respectivamente.

Nesses textos, que tratam da Parábola do Semeador, a frutificação em Mateus é decrescente, enquanto em Marcos é crescente. Mateus diz: a 100, a 60 e a 30 por um, e Marcos registra: a 30, a 60 e a 100 por um, e isso conforme as três divisões do Tabernáculo: o Pátio, o Santuário e o Santo dos Santos.

Linho branco. No Evangelho segundo Lucas temos o linho branco apontando para o Homem perfeito, para o caráter justo de Jesus. Esse evangelista apresenta a pessoa do Salvador como o Filho do Homem. É o Evangelho do Filho do Homem.

E como todo homem perfeito, ilustre e nobre precisa de uma genealogia, o médico Lucas registra a ascendência de Jesus. O Senhor, em Lucas, cumpre a profecia de Zacarias 6.12:

E fala-lhe, dizendo: Assim fala e diz o Senhor dos Exércitos: Eis aqui o homem cujo nome é Renovo: ele brotará do seu lugar, e edificará o templo do Senhor.

Azul. Essa cor era obtida de mexilhões azul-celeste, molusco bivalve da família dos mitilídeos.

O azul era um produto caríssimo pelo fato de a sua extração exigir a morte de milhares de mexilhões. Segundo os pesquisadores, uns duzentos anos antes de Cristo, um quilo de azul custava o equivalente hoje a oitenta mil dólares, preço que subiu para o dobro por volta de 300 d.C.

Essa cor, que adornava os palácios reais e as mansões dos milionários, indica sempre o céu, ou aquilo que é celeste. Vemos em João o Evangelho do Filho de Deus. Jesus, como Filho de Deus, cumpre a profecia de Isaías 40.9:

> *Tu, anunciador de boas-novas a Sião, sobe a um monte alto! Tu, anunciador de boas-novas a Jerusalém, levanta a voz fortemente; levanta-a, não temas, e dize às cidades de Judá: Eis aqui está o vosso Deus.*

João não registra a genealogia de Jesus, pois Deus não tem genealogia.

Dentre as referências ao azul no Antigo Testamento destaca-se à do cordão azul em Números 15.38-40 (ARA):

> *Fala aos filhos de Israel, e dize-lhes que nos cantos das suas vestes faças borlas pelas suas gerações; e as borlas em cada canto, presas por um cordão de azul. E as borlas estarão para que, vendo-as, vos lembreis de todos os mandamentos do Senhor, e os cumprais; não seguireis os desejos do vosso coração, nem os dos vossos olhos, após os quais andais adulterando. Para que vos lembreis de todos os meus mandamentos, e os cumprais, e santos sereis a vosso Deus.*

a. A cor azul. Por ser um dos principais símbolos do céu, o azul revela o propósito profundo de Deus, de conduzir o seu povo a uma constante atitude de comunhão com o Pai Celestial, de quem deveria receber graça e inspiração para uma vida santa, ou seja, de fidelidade aos seus elevados preceitos e, conseqüentemente, de separação das concupiscências mundanas. Note as palavras do Senhor: "não seguireis os desejos do vosso coração, nem os dos vossos olhos".

Assim, mediante o memorial das fitas azuis fixadas nas franjas das suas vestes, os israelitas deveriam lembrar-se da sua responsabilidade de obediência à Lei do Concerto do Sinai, e chamada para ser o povo santo do Senhor.

Que preciosas lições espirituais nos dão esses filactérios! Se Israel deveria atentar para aquele memorial celeste da Lei, a fim de ser o povo santo do Senhor, quanto mais nós, "geração eleita, o sacerdócio real, a nação santa, o povo adquirido" (I Pe 2.9), devemos buscar "as coisas que são de cima" e pensar "nas coisas que são de cima" (Cl 3.1,2).

Nos nossos vestidos de salvação (Is 61,10) não deve faltar o memorial do corpo de Cristo, oferecido por nós na cruz. Ele mesmo, ao instituir a ceia nos elementos do pão e do cálice, disse: "fazei isto em memória de mim" (Lc 22.19; I Co 11.24,25).

b. A perversão humana. O Senhor Jesus, ao referir-se às borlas usadas pelos judeus nos dias de seu ministério terreno, mostra até onde o egoísmo humano pode perverter uma instituição divina. Eles alargavam os seus filactérios, e alongavam as suas franjas, tudo com o fim de serem vistos pelos homens (Mt 23.5)!

Assim como os israelitas foram além do mandamento divino, hoje ocorre com o memorial da ceia do Senhor, criminosamente transformado por muitos em transubstanciação (transformação dos elementos no corpo, sangue, alma e divindade de

Jesus, etc.), e por outros em consubstanciação (união de dois ou mais corpos numa mesma substância).

Assim como o memorial celestial dado aos israelitas transformou-se numa triste e egoísta profanação do sagrado, o solene memorial instituído por Jesus também foi por muitos convertido em orgulho religioso. Cuidemos, irmãos, para não perdermos o verdadeiro sentido do mandamento divino e conservarmos dele apenas a sua forma exterior para nossa própria exaltação. Nossa divisa deve ser: "Santos sereis ao vosso Deus".

Os metais

O bronze. Os metais do Tabernáculo são muito expressivos. Seguindo a ordem de entrada do pátio para o Lugar Santíssimo, encontramos as colunas revestidas de bronze e com suas bases de bronze, o grande altar todo revestido de bronze, situado logo após a porta do Tabernáculo, e a pia, ou lavatório, de bronze maciço.

As passagens bíblicas de Êxodo 27.17, Números 21.9, Jeremias 1.18; 6.28, I Coríntios 13.1 e 2 Coríntios 5.21 indicam esse metal como o tipo de julgamento, de juízo.

E o bronze, no Tabernáculo, significa o julgamento do pecado. Também todos os cravos, ou pregos, usados nesse Santuário, eram desse mesmo metal e apontavam para a crucificação de Jesus no madeiro do Calvário. Considerando que um talento, no Antigo Testamento, pesava cerca de 24 quilos, o total de bronze utilizado no Tabernáculo foi de aproximadamente 2.400 quilos.

A prata. Por sua vez, a prata estava presente em todos os ganchos que ostentavam as cortinas do Tabernáculo, e também formava os capitéis ou faixas que ornamentavam essas cortinas.

Também todas as tábuas do Santuário estavam apoiadas em bases de prata. Ora, a Bíblia diz em Êxodo 30.12-16 (ARA):

> *Quando fizeres recenseamento dos filhos de Israel, cada um deles dará ao Senhor o resgate por si próprio, quando os contares, para que não haja entre eles praga nenhuma, quando os arrolares. Todo aquele que passar ao arrolamento dará isto: metade de um ciclo (cinco gramas) de prata, segundo o ciclo do santuário (este siclo é de vinte geras). A metade de um siclo é a oferta ao Senhor. Qualquer que entrar pelo arrolamento, de vinte anos para cima, dará oferta ao Senhor.*
>
> *O rico não dará mais de meio siclo, nem o pobre menos, quando derem a oferta ao Senhor, para fazerdes expiação pelas suas vidas. Tomarás o dinheiro das expiações dos filhos de Israel, e o darás ao serviço da tenda da congregação; e será para memória dos filhos de Israel diante do Senhor, para fazerdes expiação pelas vossas almas.*

Também em Levítico 5.15:

> *Quando alguma pessoa cometer uma transgressão, e pecar por ignorância nas coisas consagradas ao Senhor, então trará ao Senhor, por expiação, um carneiro sem mancha do rebanho, conforme a tua estimação em siclos de prata, segundo o ciclo do santuário, para expiação da culpa.*

A prata é o símbolo de resgate, e o mesmo preço seria pago por todo o israelita, independentemente de suas posses. Note que o rico não daria mais nem o pobre menos. O preço pago era um só, e isso aponta para o sacrifício expiatório de Jesus, que nos comprou com o seu precioso sangue, pagando um preço único para o nosso resgate, e também mostra que todas as vidas têm valor igual diante de Deus.

Em I Pedro 1.18 lemos: "Sabendo que não foi com coisas corruptíveis, como prata ou ouro, que fostes resgatados da vossa vã maneira de viver que, por tradição, recebestes de vossos pais". E o apóstolo Paulo afirma: "Porque fostes comprados por preço; glorificai, pois, a Deus no vosso corpo..." (I Co 6.20).

Se tirarmos a prata do Tabernáculo, ele perderá a sua base de sustentação, e também todas as suas cortinas cairão por terra. Sem a obra expiatória de Jesus na cruz, a Igreja não é nada.

Sem o resgate, sem a redenção realizada por Cristo, a Igreja deixa de ser Igreja. Ela perde até seus ornamentos: os capitéis, ou as faixas de prata; ela perde toda a sua beleza, perde a manifestação do fruto do Espírito Santo e deixa de ser a noiva, a virgem, e se transforma numa meretriz.

É bom salientar que alguns líderes religiosos têm procurado enfraquecer ou diminuir a importância do sacrifício expiatório de Jesus no Calvário. Não faz muito tempo, um dos papas da Igreja Romana declarou que a morte de Cristo não foi substitutiva, mas um ato de amor.

Ora, quando enfraquecemos o valor da obra expiatória de Jesus, estamos retirando os ornamentos, os ganchos e as bases de prata do Tabernáculo. Cada ação legalista, cada esforço feito puramente na base de obras, significa o enfraquecimento desta verdade bíblica extraordinária, que é a redenção, ou o resgate das nossas almas. Utilizou-se cerca de 3.400 quilos de prata no Tabernáculo.

O ouro. Se entrássemos no Santuário propriamente dito, atravessando o segundo véu (que seria o primeiro da parte coberta), encontraríamos nele as cinco colunas de ouro, que sustentavam, com seus colchetes também de ouro, as cortinas ou o cortinado da entrada, e notaríamos que as bases dessas colunas eram de bronze.

Dentro do Santuário, à direita de quem entra, ou seja, para o lado norte, estava a mesa com os pães da proposição, ou pães de presença, feita de madeira de acácia e toda revestida de ouro. Sobre ela ficavam os doze pães ázimos.

No lado sul do Lugar Santo estava o candelabro, todo feito de ouro batido.

À frente, junto à cortina que separa o Lugar Santo do Lugar Santíssimo, ficava o altar de ouro, feito de madeira de acácia e todo revestido de ouro. Este altar era onde os sacerdotes queimavam o incenso sagrado, enquanto o povo orava a Deus. Isto acontecia todas as manhãs e tardes, ao serem apagadas ou acesas as lâmpadas do Tabernáculo.

O Tabernáculo estava separado da congregação por uma cerca construída de 60 colunas de bronze, sobre as quais apoiava-se um cortinado de linho branco, de dois metros e meio de altura

O ouro que reveste a mesa, as colunas e a arca, e de que se constituem os colchetes, o candelabro, o propiciatório e os querubins, aponta para a glória e a realeza de Cristo. Foram utilizados cerca de 1.300 quilos de ouro no Tabernáculo.

Os números

De uma maneira geral, os números que aparecem no Tabernáculo com mais freqüência são:

Três. Corresponde às três principais divisões do Tabernáculo: o Pátio, o Santuário e o Santo dos Santos, e indica sempre *perfeição* e *completação divina.* No terceiro dia foi completada a obra dos fundamentos da Criação.

O quarto, o quinto e o sexto dias da Criação são a contraparte e repetição do primeiro, segundo e terceiro dias.

Esse número também significa *ressurreição,* pois foi no terceiro dia que a terra surgiu do abismo, e que os frutos surgiram na face da terra. Por isso, também, Jesus ressurgiu no terceiro dia.

Quatro. Este número (3+1), como já vimos, relaciona-se com a terra e denota criação material no que diz respeito à terra. Ele significa as coisas *que estão debaixo do sol,* ou seja, as coisas terrenas.

Esse número está presente nas colunas da entrada, no número de cores do Tabernáculo, no número de reinos mundiais do profeta Daniel, no número de Evangelhos, e em expressões que significam a terra toda, como *os quatro cantos da terra.*

Cinco. Este número está presente nas medidas do Tabernáculo (50 côvados de frente por 100 de fundo, números que são múltiplos de cinco), e nas colunas revestidas de ouro da entrada do Lugar Santo. Ele indica sempre a graça divina, como nas virgens prudentes (Mt 25.2), nos irmãos (Lc 16.28), nos maridos (Jo 4.18) e nas palavras (I Co 14.19).

A gematria — sistema criptográfico que consiste em atribuir valor numérico às letras — dá à palavra hebraica *Ha'aretz* (a terra) um múltiplo de quatro, e à palavra *Hashamayim* (os céus), um múltiplo de cinco. O valor gemátrico de graça (*Charis*, no grego) é também um múltiplo de cinco.

É interessante observar também que quando Deus mudou o nome de Abrão para Abraão, insertou a quinta letra do hebraico, o *hê*, que é o símbolo do número cinco.

Essa mudança ocorreu em um momento importante da vida do patriarca, quando este foi chamado a andar diante de Deus de uma maneira muito especial, o que só seria possível mediante a graça divina. Na mesma ocasião o Senhor se revela a Abraão como o El Shadday, o Todo-Poderoso.

Seis. É o número do homem. Aparece nas fileiras de pães, no número de hastes que ladeiam a haste central do candelabro e, também, como múltiplo no número de tábuas do Tabernáculo (48 ou 6 x 8) e no número das colunas do Tabernáculo, que eram 60.

Esse número aponta sempre para o homem, que tem os seus dias e horas sempre divididos em seis. Atalia usurpou o trono de Judá seis anos. Os grandes homens que se têm levantado contra Deus, como Golias, Nabucodonosor e, futuramente, o Anticristo são enfaticamente marcados por esse número.

Sete. Aponta para a perfeição espiritual ou plenitude espiritual. É o número que marca todas as obras do Espírito Santo.

Como autor da Palavra de Deus, o Espírito Santo estampou essa marca através das páginas da Bíblia, como um fabricante estampa a sua marca de água num papel que não pode ser falsificado.

Ainda mais: o Espírito Santo é o doador da vida, e sete é o número que regula cada período de incubação e gestação em insetos, aves, animais e no homem. No Tabernáculo, esse é o número das peças principais, e é também o número de lâmpadas do candelabro.

Oito. Este número denota ressurreição, regeneração, novo começo ou princípio. Jesus ressurgiu no oitavo dia, fazendo dele um *novo primeiro dia.* O valor numérico do nome *Jesus* na língua grega é 888, e esse número, ou seus múltiplos, aparecem sempre em conexão com os títulos, o povo e as obras de Jesus. Esse número está presente no Tabernáculo como múltiplo das tábuas (8 x 6).

Dez. Aparece como múltiplo de 60 = 6 x 10 (sessenta colunas); 50 = 5 x 10 (cinqüenta côvados de largura); e 100 = 10 x 10 (cem côvados de comprimento). Indica ordem perfeita e responsabilidade pessoal, como nos Dez Mandamentos, no dízimo, comprimento das tábuas, nas dez virgens, nas dez dracmas, no número de cortinas, etc.

Onze. É o número das cortinas de pêlos de cabra (Êx 26.7-9), e representa a fidelidade. Após a traição de Judas Iscariotes, os remanescentes onze apóstolos permaneceram fiéis. É também o número da lealdade, conforme Atos 2.14, quando os onze apóstolos (incluindo Matias) se levantaram em apoio a Pedro.

Finalmente, onze é a junção do cinco com o seis, conforme Êxodo 26.9.

Doze. Aparece no número de pães e, como múltiplo, nas tábuas do Tabernáculo (vinte tábuas do lado sul, vinte do norte, seis do ocidente, e mais uma em cada canto ocidental da Tenda da Congregação, perfazendo 48 tábuas).

O número doze sugere o perfeito viver, como número do povo de Deus: doze tribos de Israel e doze apóstolos do Cordeiro, e o seu múltiplo, 48, indica que o Tabernáculo representa todo o povo de Deus, incluindo tanto o do Antigo como o do Novo Testamento.

O número 48, como 4 x 12, relaciona o povo de Deus com a plenitude da terra. Assim, todo o povo de Deus, de toda a terra, está representado no Tabernáculo.

As tábuas

Sua origem. As tábuas vieram da floresta, e cada uma delas representa o cristão. Como crentes, fomos cortados e derrubados aos pés de Cristo pelo arrependimento, quando ouvimos o Evangelho.

A Palavra de Deus, como espada, nos colocou por terra, e, depois de derrubados, fomos trazidos à Casa de Deus. Viemos da maneira como caímos, mas na Casa de Deus fomos trabalhados, conforme Efésios 2.1-3:

> *E vos vivificou, estando vós mortos em ofensas e pecados, em que, outro tempo, andastes, segundo o curso deste mundo, segundo o príncipe da potestade do ar, do espírito que, agora, opera nos filhos da desobediência; entre os quais todos nós também antes, andávamos, fazendo a vontade da carne e dos pensamentos; e éramos por natureza, filhos da ira, como os outros também.*

Seu despojamento. Embora tenhamos sido trazidos à Casa de Deus no estado bruto, passamos pelo despojamento. Para esse trabalho, o escultor, ou o carpinteiro, usa as ferramentas apropriadas para o desbaste da casca e dos nós.

Tudo precisa ser despojado pelas afiadas ferramentas do hábil carpinteiro de Nazaré:

No qual também estais circuncidados com circuncisão não feita por mãos no despojo do corpo da carne: a circuncisão de Cristo.

Mas agora, despojai-vos também de tudo: da ira, da cólera, da malícia, da maledicência, das palavras torpes da vossa boca. Não mintais uns aos outros, pois que uma vez que vos despistes do velho homem com os seus feitos (Cl 2.11; 3.8,9).

A nova vida é como um bloco de pedra que deve ser trabalhado pelo escultor. Um pastor visitava uma oficina de escultura, onde também se fabricavam imagens religiosas, e deparou-se com uma pedra que estava recebendo os primeiros toques do artista. Ela ainda não tinha forma nem possuía qualquer semelhança com um ser humano, e por isso o pastor perguntou o que era aquilo. O mestre respondeu prontamente: "Isto é um santo".

O ministro do evangelho ficou surpreso, pois estava diante de traços tão brutos e tão rudes! Entretanto, através de suas ferramentas próprias como o cinzel e as ponteiras, o artista transformaria aquele bloco de mármore em um "santo"!

Deus faz o mesmo com a nossa vida. Ele nos tira da floresta do pecado, traz-nos para sua casa e, com a ferramenta da sua Palavra, faz o despojamento de inúmeras impurezas, como palavras torpes, maus hábitos, vícios, etc., tornando-nos homens e mulheres perfeitos em Cristo.

Seu revestimento. Note que essas tábuas foram cobertas de ouro. O ouro fala de realeza, de glória: "Revestirás as tábuas de ouro. De ouro farás também as argolas em que passarão as travessas, recobrindo inclusive estas de ouro" (Êx 26.29).

Em Apocalipse 1.6 afirma a Bíblia: "E nos fez reis e sacerdotes para Deus e seu Pai, a ele a glória e o domínio pelos séculos dos séculos. Amém". "E para o nosso Deus os fizeste reis e sacerdotes; e eles reinarão sobre a terra" (Ap 5.10).

Aqui o crente, após ser despojado de todas as rugas do pecado, é glorificado com o ouro da glória de Deus, feito participante da realeza de Cristo e constituído rei e sacerdote.

Suas bases. Estas tábuas, como já vimos, foram colocadas em bases de prata. Toda a nossa firmeza, toda a nossa aparência real descansa em bases de prata — símbolo de resgate, de redenção.

Há outro interessante aspecto relacionado com as tábuas: é que, embora as madeiras fossem muito diferentes entre si quando trazidas ao Tabernáculo, agora, depois de trabalhadas, ficaram todas iguais. Aos olhos de Deus não há uns melhores que outros. Deus não faz acepção de pessoas:

> *Onde não há grego nem judeu, circuncisão nem incircuncisão, bárbaro, cita, servo ou livre; porém Cristo é tudo em todos (Cl 3.11).*
>
> *Porque para com Deus não há acepção de pessoas (Rm 2.11).*

As travessas

As travessas, ou barras de madeira que mantinham as tábuas de pé e unidas, eram também revestidas de ouro:

> *Farás também cinco barras de madeira de cetim para as tábuas de um lado do tabernáculo e cinco barras para as tábuas do outro lado do tabernáculo; como também cinco para as tábuas do outro lado do tabernáculo, de ambas as bandas, para o ocidente. E a barra do meio estará no meio das tábuas, passando de uma extremidade até à outra (Êx 26.26-28).*

Essas travessas apontam para a união espiritual descrita no Salmo 133 e em João 17.22,23. As travessas, por serem em grupos de cinco, apontam também para os ministérios descritos em I Coríntios 12.5 e Efésios 4.9-13:

E há diversidade de ministérios, mas o Senhor é o mesmo.

Ora, isto — ele subiu — que é, senão que também, antes, tinha descido às partes mais baixas da terra? Aquele que desceu é também o mesmo que subiu acima de todos os céus, para cumprir todas as coisas.

E ele mesmo deu uns para apóstolos, e outros para profetas, e outros para evangelistas, e outros para pastores e doutores, querendo o aperfeiçoamento dos santos, para a obra do ministério, para a edificação do corpo de Cristo, até que todos cheguemos à unidade da fé e ao conhecimento do Filho de Deus, a varão perfeito, à medida da estatura completa de Cristo.

Esses ministérios sustentam a Igreja.

A cobertura

Vejamos agora a cobertura do Santuário, ou Tenda da Congregação. O texto que nos fala da cobertura está em Êxodo 26.1-14, e dele trataremos com mais detalhes no sétimo capítulo.

Seguindo a ordem do exterior para o interior, temos as seguintes coberturas:

Peles de golfinho. Por serem rústicas, quem olhasse a Tenda estando do lado de fora do Tabernáculo nada veria de especial a chamar-lhe a atenção. Além de parecidas com o deserto — cuja areia elas retinham — eram simples e sem beleza.

Esta primeira cobertura indica a pessoa de Jesus segundo Isaías 53.2: "Porque foi subindo como renovo perante ele e

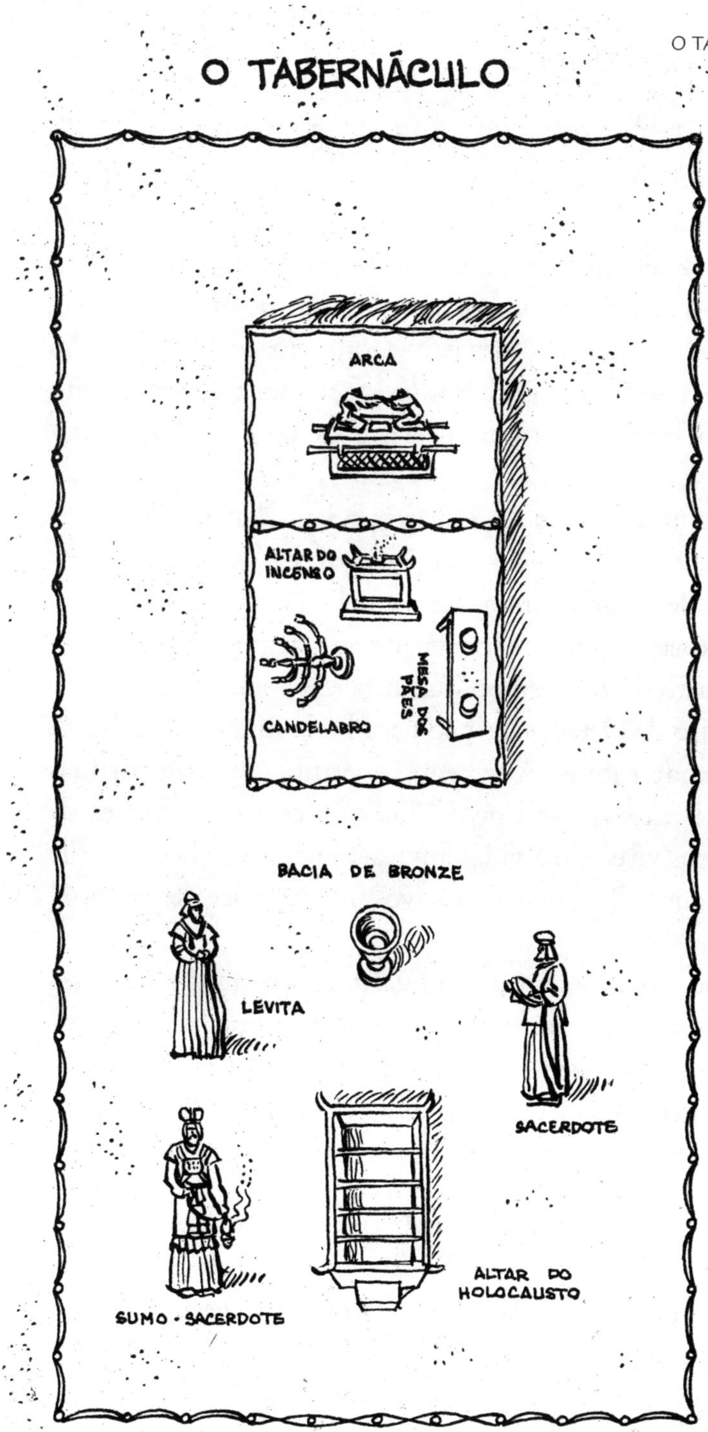

O átrio do Tabernáculo continha 25 metros de frente e 50 de fundos

como raiz de uma terra seca; não tinha aparência nem formosura; olhando nós para ele, nenhuma beleza víamos para que o desejássemos".

Os que olham a Cristo sem tê-lo antes conhecido e recebido como seu Salvador, nada podem ver de extraordinário. Comparam-no a Buda, Zoroastro, Confúcio, Aristóteles, a um dos profetas bíblicos, ou consideram-no apenas um espírito aperfeiçoado por sucessivas encarnações, ou um revolucionário ardente.

Somente o cristão verdadeiro pode exclamar: "Vimos a sua glória, como glória do Unigênito do Pai" (Jo 1.14).

Peles de carneiro tintas de vermelho. Esta cobertura simboliza a expiação, pois o vermelho, como já vimos, tipifica o sangue de Cristo derramado no Calvário, e aponta para Ele como "o Cordeiro de Deus, que tira o pecado do mundo" (Jo 1.29).

Crina de cabras. A terceira cobertura, de onze cortinas de crina de cabras não tingida, indica a pureza da justiça de Cristo. Jesus viveu uma vida santa, sem pecado, e por isso Ele podia perguntar: "Quem dentre vós me convence de pecado?" (Jo 8.46).

Linho fino. Finalmente, a quarta cobertura do santuário era constituída de dez cortinas de linho fino branco, com bordados primorosos em azul. Mais uma vez nos deparamos aqui com o caráter celestial de Jesus, figurado na cor do céu, de onde ele veio e para onde vai nos levar, conforme sua promessa:

> *Não se turbe o vosso coração; credes em Deus, crede também em mim. Na casa de meu Pai há muitas moradas; se não fosse assim, eu vo-lo teria dito, pois vou preparar-vos lugar. E, se eu for e vos preparar lugar, virei outra vez e vos levarei para mim mesmo, para que, onde eu estiver estejais vós também (Jo 14.1-3).*

3

AS PEÇAS DO TABERNÁCULO

A ordem das peças

À primeira vista não nos parece correta a maneira como a Bíblia apresenta o mobiliário do Tabernáculo, mas quando examinamos atentamente a ordem dessas peças, chegamos à conclusão que de fato o Espírito Santo as dispôs da forma mais correta possível.

Todo o texto bíblico que vai do capítulo 25 a 30 pode ser dividido em duas partes. A primeira vai de 25.1 a 27.19, e trata da descrição da arca do concerto, dentro do Santo dos Santos, e termina com a descrição do altar de bronze e do átrio no qual esse altar devia ser colocado.

Assim, essa ordem nos fala primeiro do trono do juízo do Senhor, sobre o qual Ele se assenta como o Senhor de toda a terra. Partindo desse trono somos conduzidos ao grande altar de bronze, lugar onde o Senhor Deus e o pecador se encontram mediante a obra expiatória consumada por Jesus na cruz.

A segunda parte, que vai de 27.20 a 30.38, trata da maneira como nós, os crentes, podemos nos aproximar de Deus. Essa parte das Escrituras revela os privilégios, as honras e as responsabilidades daqueles que, como sacerdotes, podem aproximar-se de Deus a fim de cultuá-lo e com ele desfrutarem íntima e plena comunhão.

A ordem, portanto, é divinamente perfeita, harmônica e bela. A arca da aliança e o altar de bronze indicam dois extremos. O primeiro aponta para o trono de Deus estabelecido conforme afirma a Bíblia: "Justiça e juízo são a base do teu trono" (Sl 89.14a), ao passo que o último indica o lugar a partir do qual o pecador podia aproximar-se de Deus pelo fato de este, movido de amor e fidelidade, deixar o seu trono de glória e descer até onde se encontrava o pecador. Davi viu essa descida de Deus ao afirmar: "misericórdia e verdade vão adiante do teu rosto" (Sl 89.14b).

A nossa mente é incapaz de discernir todo o significado dessa descida de Deus até nós. Guardini, professor na Universidade de Munique, está entre os autores modernos que tentam penetrar o mistério da redenção. Falando de Jesus ele escreve:

> *Foi ele que viveu através e até o fim da culpa. O simples homem não é disso capaz. É menor do que o pecado que transporta e que ofende a Deus. Pode cometê-lo mas não pode tomar dele consciência com uma acuidade correspondente à sua terrível significação. Não pode medi-lo nem expiá-lo.*
>
> *O homem, que não obstante o cometeu, não pode tomá-lo em sua vida e esgotá-lo. Perturba-se, desesperado em face dele e permanece impotente. Só Deus está à altura do pecado. Só Ele é capaz de desvendá-lo, medi-lo e julgá-*

lo. O juízo faria justiça à falta, mas abandonaria o homem que a cometeu.

A "graça" consiste em Deus fazer jus à justiça, salvando ao mesmo tempo o homem; em tê-lo querido amar. Fez-se homem. Surgiu assim um ser que realizou numa existência humana a igualdade divina perante o pecado. Deus regulou as suas contas com o pecado no espírito, no coração e no corpo de um homem. Foi esta a existência de Jesus...

Cristo pregado na cruz — ninguém poderá imaginar o que isso foi. Na medida em que nos tornamos cristãos e começamos a amar o Senhor, começamos a pressentir alguma coisa... a compreender um pouco como toda a ação, todo o trabalho, toda a luta cessam aí; como, sem reserva e sem esperança de em desenlace feliz, o corpo, o coração e o espírito mergulham na chama de um sofrimento infinito, excedendo tudo; são submetidos a um juízo sobre as faltas assumidas no lugar dos homens, juízo que se prolonga sem solução, até à morte...

É então que atinge a profundidade da qual a onipotência do amor faz surgir a Nova Criação (Romano Guardini, O Senhor, tradução de Fernando Gil, Lisboa, Livraria Agir Editora, 1964, pp. 400-401).

O homem, por si mesmo, não podia aproximar-se da arca para se encontrar com Deus, pois o caminho do Lugar Santíssimo estava fechado, como afirma Hebreus 9.8: "dando nisso a entender o Espírito Santo que ainda o caminho do Santuário não estava descoberto, enquanto se conservava em pé o primeiro tabernáculo". Mas Deus podia deixar o seu trono de glória e vir ao altar de bronze — a cruz — para encontrar o pecador.

A justiça e o juízo não podiam permitir a entrada do pecador no Santo dos Santos, mas o amor e a fidelidade podiam fazer que Deus saísse de seu trono e viesse até nós — não envolto naquela magnificência irresistível e majestosa como brilhava no meio das colunas místicas do seu trono, de que falam os querubins da glória, mas rodeado daquele grandioso mistério de que nos fala o mobiliário e as ordenações do Tabernáculo.

Comentando o significado desses dois extremos, a arca e o altar de bronze, escreveu C. H. Mackintosh:

> *Tudo isto pode muito bem recordar o caminho que percorreu aquele bendito Senhor, que é o antítipo de todos estes símbolos – a substância destas sombras. Ele desceu do trono eterno de Deus no Céu até a profundidade da cruz, no Calvário. Deixou toda a glória do Céu pela vergonha da Cruz, a fim de poder conduzir o seu povo remido, perdoado e aceito por si mesmo, e apresentá-lo inculpável diante daquele próprio trono que ele havia abandonado por amor deles.*
>
> *O Senhor Jesus preenche, em sua própria pessoa e obra, todo o espaço entre o pó da morte e o trono de Deus. Nele Deus desceu, em perfeita graça, até o pecador, e nele o pecador é conduzido, em perfeita justiça, até Deus.*
>
> *Todo o caminho, desde a Arca ao Altar, está marcado com pegadas de amor; e todo o caminho desde o Altar de Bronze até a Arca de Deus estava salpicado com o sangue da expiação; e todo o adorador, ao passar por esse caminho maravilhoso, vê o nome de Jesus impresso em tudo que se oferece à sua vista. Que este nome venha a ser o mais precioso de nossos corações! (Estudos sobre o Livro de Êxodo, Depósitos de Literatura Cristã, Lisboa, Portugal, 1978, p. 216)*

Passemos, então, aos objetos do Tabernáculo. Da entrada do pátio para o Santo dos Santos, temos as peças na seguinte ordem:

O altar de bronze

Também chamada na Bíblia de *o altar do holocausto* e *altar de transferência,* era a maior peça do Tabernáculo, e apontava para a cruz de Cristo. A Bíblia a descreve assim:

O altar do holocausto, a maior peça do Tabernáculo, apontava para a cruz de Cristo

Farás um altar de madeira de acácia. Será quadrado e terá dois metros e meio de comprimento e de largura, e um metro e meio de altura. Dos quatro cantos do altar farás sobressair pontas e o revestirás de bronze. Farás vasos para as cinzas do altar, pás, aspersórios, garfos e braseiros, utensílios todos de bronze.

Farás uma grelha de bronze em forma de rede. Colocarás sob a cornija do altar, de modo que fique à meia altura.

Farás varais para o altar, varais de madeira de acácia, e os revestirás de bronze. Os varais serão enfiados nas argolas, e ficarão de ambos os lados do altar, quando este for transportado. Farás o altar de tábuas, oco por dentro, exatamente como te foi mostrado no monte (Êx 27.1-8).

Esse altar era suficientemente grande para sobre ele serem imolados os animais do sacrifício.

A bacia de bronze

Simbolizando a Palavra de Deus, esta peça continha água na qual os sacerdotes teriam de se lavar cada vez que ministrassem no altar de bronze. Não sabemos quais as dimensões dessa peça, assim como também não conhecemos todo o extraordinário poder purificador da Palavra de Deus:

Porque a Palavra de Deus é viva e eficaz, e mais penetrante do que qualquer espada de dois gumes, e penetra até a divisão da alma, e do espírito, e das juntas e medulas, e é apta para discernir os pensamentos e intenções do coração. E não há criatura alguma encoberta diante dele; antes, todas as coisas estão nuas e patentes aos olhos daquele com quem temos de tratar (Hb 4.12,13).

A mesa dos pães da proprosição

Essa peça, que também se chamava mesa da presença, tinha um metro de comprimento por 50 centímetros de largura e 75 de altura. Sobre ela ficavam os 12 pães da presença, representando todo o povo de Deus.

Esses pães eram comidos pelos sacerdotes a cada sábado, e no mesmo dia substituídos. Esses pães indicam a pessoa de Jesus como o Pão da Vida, o alimento espiritual do povo de Deus.

O candelabro

O candelabro de ouro localizava-se no lado esquerdo de quem entrasse no Lugar Santo do Tabernáculo. Foi feito de ouro batido, e pesava cerca de 34 quilos. Ele indica a iluminação e a direção do Espírito Santo:

> *Neste castiçal não se faz menção de outra coisa que não seja ouro. Tudo se fará de uma só peça, obra batida de ouro puro (Êx 25.36). As sete lâmpadas, as quais se acenderiam para alumiar diante dele, exprimem a perfeição da luz e energia do Espírito, baseadas e ligadas com a eficácia perfeita da obra de Cristo.*
>
> *A obra do Espírito Santo nunca poderá ser separada da obra de Cristo. Isto é indicado, de um modo duplo, nesta magnífica imagem do castiçal de ouro. As sete lâmpadas, estando ligadas à cana de ouro batido indicam-nos a obra cumprida por Cristo, como a única base de manifestação do Espírito na Igreja.*
>
> *O Espírito Santo não foi dado antes de Jesus ter sido glorificado. (Compare Jo 7.39 com At 19.2-6.) Em Apocalipse 3, Cristo é apresentado à igreja de Sardo como aquEle que tem os sete espíritos. Quando o Senhor Jesus foi exaltado à destra de Deus, então derramou o Espírito Santo sobre a sua Igreja, a fim de que ela pudesse brilhar segundo o poder e a perfeição da sua posição no lugar santo, a sua própria esfera de ser, de ação e de culto (C. H. Mackintosh, ob. cit., p. 223).*

Para o Templo que construiu, Salomão colocou dez candelabros (I Rs 7.49). No templo de Herodes, nos dias de Jesus, havia um só candelabro, segundo informa Josefo.

O altar de ouro

Representando as nossas orações e a nossa adoração, o altar do incenso era uma peça de madeira toda coberta de ouro. Tinha 50 centímetros de cada lado e um metro de altura.

Embora o altar do incenso pertencesse ao Santo dos Santos (Hb 9.5), ele foi posto diante do terceiro véu, no Lugar Santo, talvez tendo em vista a necessidade de os sacerdotes oferecerem nele, diariamente, o incenso sagrado. Se ele estivesse no lugar a que realmente pertencia, a queima cotidiana do incenso seria impossível, uma vez que os sacerdotes comuns não tinham acesso ao Lugar Santíssimo.

A arca

A arca era uma peça de madeira de acácia toda revestida de ouro por dentro e por fora. Media 125 centímetros de comprimento por 75 de largura e 75 de altura. Ela representa a base do trono de Deus, pois sobre ela ficava o propiciatório com os querubins da glória.

A arca pertencia ao Santo dos Santos: "Pendurarás o véu debaixo dos colchetes e ali, por trás do véu, introduzirás a arca da aliança. O véu servirá para separar o Lugar Santo, do Santíssimo" (Êx 26.33).

Em Isaías 53.2 temos a humanidade de Jesus representada na acácia, madeira do deserto: "Ele foi subindo como renovo perante ele, e como raiz de uma terra seca. Não tinha parecer nem formosura; e, olhando nós para ele, nenhuma beleza víamos, para que o desejássemos".

São vários os significados da arca:

- Ela apontava para o testemunho de Deus, e por isso indicava a pessoa de Jesus: "Mas eu tenho maior testemunho do que o de João, porque as obras que o Pai me deu para realizar, as mesmas obras que eu faço testificam de mim. Vós nunca ouvistes a sua voz, nem vistes o seu parecer. E a sua palavra não permanece em vós, porque naquele que me enviou não credes vós" (Jo 5.36,37).
- Ela tipificava a presença de Deus com o seu povo: "Ali me encontrarei contigo, e de cima do propiciatório, do meio dos dois querubins colocados sobre a arca da aliança, eu te comunicarei tudo que ordenar aos israelitas". "Eis que a virgem conceberá e dará à luz um filho, e ele será chamado pelo nome de Emanuel (Emanuel traduzido é: Deus conosco)" (Êx 25.22; Mt 1.23).
- Ela pertencia ao Lugar Santíssimo, que por sua vez representa o céu. "Como ministro do santuário e do verdadeiro Tabernáculo que o Senhor erigiu, não o homem. Porque Cristo não entrou em santuário feito por mãos, figura do verdadeiro, porém no mesmo Céu, para comparecer, agora, por nós, diante de Deus" (Hb 8.2; 9.24).
- Ela foi a primeira coisa mencionada por Deus quando ordenou a Moisés a construção do Tabernáculo (Êx 25.10; Cl 1.19,20). Deus, quando traçou o plano do Tabernáculo, começou com Ele mesmo. Como o homem não poderia entrar na presença de Deus, Deus mesmo vinha ao encontro do homem no altar de bronze, "querendo com isto dar a entender o Espírito Santo que ainda o caminho do Santo Lugar não se manifestou enquanto o primeiro Tabernáculo continua erguido" (Hb 9.8).

As argolas e os varais, que aparecem em todas as peças do Tabernáculo, indicam o caráter ambulante desse santuário.

A importância da arca para Israel pode ser avaliada pelo fato de haver, somente no Antigo Testamento, 185 referências à arca, das quais 114 vezes com algum complemento, como os que seguem:

- a arca do testemunho (Êx 25.22);
- a arca do concerto (Nm 10.33);
- concerto do Senhor (Js 3.11);
- a arca do Senhor (Jo 3.13);
- a arca do concerto de Deus (Jz 20.27);
- a arca do concerto do Senhor dos Exércitos (1 Sm 4.4);
- a arca do Senhor de Israel (1 Sm 5.7);
- a arca do Senhor Deus (1 Rs 2.26);
- a arca do concerto do Senhor (1 Rs 3.15);
- a arca de nosso Deus (1 Cr 13.3);
- a arca de Deus, o Senhor (1 Cr 13.6);
- a arca da tua força (2 Cr 6.41; Sl 132.8);
- a santa arca (2 Cr 35.3).

Em toda a Bíblia, a soma de todas as referências à arca chega a quase duas centenas.

Como um objeto destinado a acompanhar o povo de Israel em todas as suas peregrinações, a arca da aliança nunca se deteve enquanto os israelitas estiveram viajando ou guerreando. Ela foi à frente deles até o meio do rio Jordão, fazendo com que as águas se detessem numa grande muralha para que o povo passasse o rio a pé enxuto.

A arca era o ponto de reunião de Israel em todas as guerras de conquista de Canaã. Ela era a garantia infalível do poder divino para onde quer que fosse. Nenhum poder inimigo jamais pôde subsistir diante dela, pois ela representava a presença do Deus Todo-poderoso. As varas e as argolas da arca falavam exatamente da missão ambulante que lhe foi destinada, a de ser a companheira inseparável do povo de Israel no deserto.

Mas a arca não deveria viajar para sempre. Chegaria o dia em que as aflições de Davi, como este ora no Salmo 132, bem como as guerras de Israel, teriam um paradeiro. E a oração: "Levanta-te, Senhor, no teu repouso, tu e a arca da tua força" (Sl 132.8), devia ainda ser feita e atendida.

Esta petição sublime teve o seu cumprimento parcial nos dias auspiciosos de Salomão, quando "os sacerdotes introduziram a arca da aliança do Senhor no seu lugar, no santuário mais interior do templo, no Santo dos Santos, debaixo das asas dos querubins. Os querubins estendiam as asas sobre o lugar da arca, e cobriam por cima a arca e os seus varais. Os varais sobressaíam tanto que as suas pontas se viam desde o santuário, diante do Santo dos Santos, porém de fora não se viam. Ali estão até o dia de hoje" (I Rs 8.6-8).

Havia chegado finalmente, para a arca da aliança, os tempos em que a areia do deserto deveria ser substituída pelo piso dourado do Templo, pois Salomão também "cobriu de ouro o soalho da casa, tanto na parte mais interior como na mais exterior" (I Rs 6.30).

As peregrinações da arca haviam chegado ao seu termo, pois Salomão "dominava sobre toda a região e sobre todos os reis daquém do rio, desde Tifsa até Gaza, e tinha paz por todos os lados em redor. Judá e Israel habitavam seguros, cada um debaixo da sua videira, e debaixo da sua figueira, desde Dã até Berseba, todos os dias de Salomão" (I Rs 4.24,25). A prosperidade do reino e a ausência de guerras fizeram sobressair os varais.

As tábuas da Lei, a vara de Arão e o maná foram colocados na Arca como testemunho às futuras gerações

Mas há, ainda, diferenças mais notáveis entre a arca no Tabernáculo e no Templo. O autor da carta aos Hebreus, falando da arca na sua habitação do deserto, descreve-a como "a arca da aliança, toda coberta de ouro, na qual estava um vaso de ouro, que continha o maná, e a vara de Arão, que tinha brotado, e as tábuas da aliança (Hb 9.4).

O conteúdo da arca

As tábuas da Lei. "Na arca porás o documento da aliança que te darei" (Êx 25.16). Como as tábuas da Lei representavam a vontade de Deus para com o povo de Israel, elas apontavam para Jesus, que tinha a vontade de Deus no seu coração: "Agrada-me fazer a tua vontade, ó Deus meu; dentro em meu coração está a tua lei" (Sl 40.8). Também apontavam para o crente (Jr 31.33).

Moisés, ao descer do monte Sinai, indignado com a idolatria do povo, quebrou as tábuas escritas por Deus. "Logo que chegou perto do acampamento, as quebrou ao pé da montanha" (Êx 32.19).

A vara de Arão. Essa vara, florescida, fala da ressurreição de Cristo, e também, de um ministério aprovado que dá flores e frutos (Nm 17.5-9).

A justiça e o juízo, simbolizados pelas tábuas da Lei e pela vara de Arão, não permitiam a presença do pecador. A graça e a misericórdia vieram por Cristo em esplendor e glória, "porque a Lei foi dada por intermédio de Moisés; a graça e a verdade vieram por meio de Jesus Cristo" (Jo 1.17).

Jesus percorreu o caminho da glória ao pó da morte, ou seja, do Propiciatório, de entre os querubins da glória, até o altar de bronze, a cruz do Calvário, e o percorreu também de volta, aspergindo o seu sangue em todos os lugares, até o trono de Deus.

O maná. Colocado num vaso dentro da arca, o maná indica a provisão de Deus para o seu povo.

> *Moisés disse: O Senhor ordenou que se encha a quantidade de quatro litros e meio de maná para guardá-lo, a fim de que as gerações futuras possam ver com que alimento vos sustentei no deserto, quando vos libertei do Egito. Moisés disse para Arão: Toma um vaso, enche quatro litros e meio de maná, e deposita diante do Senhor, para que seja guardado para as gerações futuras.*
>
> *Como o Senhor tinha mandado a Moisés, Arão depositou o maná para que fosse guardado diante do documento da aliança (Êx 16.32-34).*

O maná, por sua vez, apontava para a pessoa de Jesus:

> *Este é o pão que desceu do céu, em nada semelhante àquele que os vossos pais comeram, e contudo morreram: quem comer este pão viverá eternamente (Jo 6.58).*

Quem tem ouvidos, ouça o que o Espírito diz às igrejas. Ao vencedor dar-lhe-ei do maná escondido, bem como lhe darei uma pedrinha branca, e sobre essa pedrinha escrito um nome novo, o qual ninguém conhece, exceto aquele que o recebe (Ap 2.17).

A arca da aliança, que ocupava posição privilegiada dentro do Santo dos Santos, é a primeira peça do Tabernáculo mencionada por Deus a Moisés. A sua grande importância está em que ela formava a base do trono do Senhor.

O seu próprio nome dá uma idéia da sua importância. Uma arca destina-se a guardar algo de valor, e no caso desta, estamos considerando-a o repositório de nada menos que os elementos representativos da aliança firmada entre o Senhor e o seu povo.

Em Gênesis, uma arca abriga e transporta com segurança, sobre as ondas do juízo divino que cobriu a terra, a Noé e sua família e todas as espécies de animais de criação. No início de Êxodo, outra arca preserva um lindo menino Moisés das águas da morte. Agora, entretanto, quando a Bíblia fala da arca da aliança, somos levados a crer que era destinada por Deus a guardar intacto a sua aliança no meio de um povo tendencioso a errar.

Na arca foram colocadas as segundas tábuas da Lei, uma vez que as primeiras, quebradas ao pé do monte, jamais poderiam formar a base do trono de governo divino. A Bíblia afirma, como já vimos, que a retidão e a justiça são a habitação desse trono, tanto no seu aspecto terreno como celestial.

Era impossível, portanto, que essa importantíssima peça abrigasse em seu interior as tábuas quebradas pelo homem. Caso o homem viesse a falhar no cumprimento dos votos que voluntariamente havia feito, a lei de Deus, todavia, estaria conservada em toda a sua integridade e perfeição divinas.

Se Deus estava estabelecendo o seu trono de glória no meio do seu povo, ele só poderia fazê-lo de um modo plenamente digno dele próprio, pois o princípio da sua justiça e do seu governo tinham de sem perfeito em tudo.

Esses objetos que a arca continha durante as suas jornadas no deserto têm para nós preciosíssimas lições. O vaso de maná lembrava aos israelitas a fidelidade do Senhor na provisão de todas as necessidades dos que peregrinam através do deserto. A ordem divina foi: "Toma um vaso, mete nele um ômer cheio de maná e põe-no diante do Senhor, a fim de que seja guardado para as vossas gerações" (Êx 16.33).

A vara de Arão, por sua vez, lembrava ao povo a soberania divina na chamada de seus ministros, e era, portanto, um sinal para os rebeldes, para que não mais murmurassem contra o Senhor. Afirma a Bíblia: "Disse o Senhor a Moisés: Põe de volta a vara de Arão perante o testemunho, como sinal para os filhos rebeldes. Assim farás acabar as suas murmurações contra mim, e não morrerão" (Nm 17.10).

Porém, quando chegou a época áurea de Israel, quando cessaram suas peregrinações e batalhas, e quando estava terminada a casa "magnífica em excelência, de renome e glória em todas as terras" (I Cr 22.5) — enfim, quando a fama do esplendor e da magnificência do reino de Salomão havia chegado a todos os recantos da terra — então os memoriais das necessidades e das faltas do deserto desapareceram, e nada restou a não ser aquilo que constituía o fundamento eterno do trono do Deus de Israel e de toda a terra. Diz a Escritura:

Os varais sobressaíam tanto que as suas pontas se viam desde o santuário, diante do Santo dos Santos, porém, de fora não se viam. Ali estão até o dia de hoje. Na arca nada havia, senão as duas tábuas de pedra, que Moisés ali pusera, junto a Horebe, quando o Senhor fez aliança com os filhos de Israel, ao saírem eles da terra do Egito (1 Rs 8.8,9).

Todavia, toda a magnificente glória de Israel devia ainda ser obscurecida pelas negras nuvens carregadas do fracasso humano e do descontentamento de Deus. Os devastadores pés dos incircuncisos haviam ainda de pisar as ruínas daquela casa magnífica, e o desaparecimento da sua glória devia provocar o assobio dos estranhos (I Rs 9.8).

Mas essa não é a última menção da arca na Bíblia. A última vez que a Bíblia fala da arca indica uma época em que nem a loucura humana nem o pecado perturbarão mais o seu permanente repouso — um tempo em que ela não mais será guardada num Tabernáculo de cortinas tampouco num Templo feito por mãos humanas.

O sétimo anjo tocou a sua trombeta, e houve no céu grandes vozes, que diziam: Os reinos do mundo vieram a ser de nosso Senhor e do seu Cristo, e ele reinará para todo o sempre.

E os vinte e quatro anciãos, que estão assentados em seus tronos diante de Deus, prostraram-se sobre seus rostos, e adoraram a Deus, dizendo: Graças te damos, Senhor Deus Todo-poderoso, que és, e que eras, porque tomaste o teu grande poder, e reinaste. Iraram-se as nações; então veio a tua ira, e o tempo de serem julgados os mortos, e o tempo de dares recompensa aos profetas, teus servos, e aos santos, e aos que temem o teu nome, a pequenos e a grandes, e o tempo de destruíres os que destroem a terra.

Abriu-se no céu o templo de Deus, e a arca da sua aliança foi vista no seu santuário. E houve relâmpagos, vozes e trovões, e terremoto e grande chuva de pedras (Ap 11.15-19).

O propiciatório

Esta peça, feita de ouro puro, representa o trono de Deus (Is 6.1). Era um trono de misericórdia, pois a palavra propiciatório significa "onde Deus nos é propício", "nos é favorável". "Ele é a propiciação pelos nossos pecados, e não somente pelos nossos próprios, mas ainda pelos do mundo inteiro" (I Jo 2.2).

O propiciatório era guardado pelos querubins, símbolo do poder de Deus: "tendo expulso o homem, colocou diante do jardim do Éden os querubins com o cintilar da espada fulgurante, para guardar o caminho da árvore da vida" (Gn 3.24).

Nos querubins resplandecia o fogo da glória de Deus, fazendo sombra sobre o propiciatório. Deus habitava entre os querubins, por isso o autor da carta aos Hebreus (9.5), quando descreve as peças principais do Tabernáculo, diz: "E sobre ela os querubins da glória que com a sua sombra cobriam o propiciatório. Dessas coisas, todavia, não falaremos agora pormenorizadamente".

Ora, se os querubins faziam sombra sobre o Propiciatório é porque estava sobre eles o *Shekinah*, ou fogo terrível, fogo de Deus, que neles resplandecia.

Depois de haver engrandecido e honrado a lei de Moisés em sua vida terrena, Jesus, ao morrer como justo em lugar do culpado, tornou-se a propiciação ou propiciatório para todo aquele que crê.

Afirma a Bíblia que "onde o pecado abundou, superabundou a graça, para que, assim como o pecado reinou pela morte, também a graça reinasse pela justiça para a vida eterna, mediante Jesus Cristo nosso Senhor" (Rm 5.20,21).

O amor de Deus, ou a sua graça, só pode repousar numa base de perfeita justiça, e por isso o único lugar próprio para o encontro entre Deus e o homem é aquele onde a graça e a justiça se encontram e se harmonizam perfeitamente: a cruz. Somente na cruz a perfeita justiça de Cristo agrada ao Pai, e somente na cruz a perfeita graça divina salva o pecador. É na cruz que, finalmente, "o amor e a verdade se encontram; a retidão e a paz se beijam. A fidelidade brota da terra, e a retidão olha dos céus" (Sl 85.10,11).

É na cruz do Calvário que a alma do pecador crente encontra a paz, pois ali ele vê que a justiça de Deus e a justificação do pecador repousam sobre o mesmo fundamento, ou seja, a obra consumada por Jesus Cristo.

> *Quando o homem, sob a influência poderosa da verdade de Deus, toma o seu lugar como pecador, Deus pode, no exercício da graça, tomar o seu como Salvador, e então toda a questão se acha solucionada, porque havendo a Cruz respondido a todas as exigências da justiça divina, os rios da graça podem correr sem impedimento (C. H. Mackintosh, ob. cit., p. 221).*

É no propiciatório que o Deus justo e o ser humano pecador se encontram como amigos e mantêm mútua e plena comunhão, porque o sangue ali salpicado solucionou tudo para sempre. Tendo a justiça de Deus representada pelo conteúdo da arca, e a misericórdia de Deus representada pelo sangue aspergido no propiciatório, Deus pode ser perfeitamente glorificado, e o pecador pode ser perfeitamente salvo!

Quando o homem, convencido pela Palavra de Deus e pela operação do Espírito Santo, assume o seu devido lugar como pecador totalmente indigno diante de Deus, esse homem está apto a reconhecer Deus como Justo e justificador. E quando o pecador entende essa revelação da graça divina e a aceita, ele desfruta verdadeira paz e íntima comunhão com Deus.

Unção e aspersão

A Bíblia também fala da unção e da aspersão do Tabernáculo, e diz que só foi enchido de glória divina depois de ter sido ungido de azeite santo e aspergido com sangue:

> *Então Moisés pegou o óleo da unção, ungiu o Tabernáculo e tudo o que nele havia, para consagrá-lo. Aspergiu sete vezes o altar, e ungiu-o com todos os utensílios, bem como a bacia com o suporte, consagrando-os (Lv 8.10,11).*

> *Tomando um pouco do sangue com o dedo, o sacerdote Eleazar, respingará sete vezes em direção à fachada da tenda da reunião (Nm 19.4).*

O número de aspersões (sete) indica unção e aspersão plenas. Somente na pessoa de um Salvador ungido e crucificado pôde Deus habitar entre os homens. Jesus foi ungido no início do seu ministério, logo após ter sido batizado no Jordão por João Batista. Ali o Espírito Santo desceu sobre ele, ungindo-o.

Finalmente, foi ele aspergido no Calvário com o seu próprio sangue purificador, derramado da sua fronte pelos espinhos da coroa, do seu lado pela lança do soldado romano, e de suas mãos e pés pelos cravos.

"Então Moisés pegou o óleo da unção, ungiu o Tabernáculo e tudo o que nele havia..."

Note-se que tais cravos, por serem de bronze, falam do julgamento dos nossos pecados: "No tocante a todos os vasos do tabernáculo em todo o seu serviço, até todos os seus pregos, e todos os pregos do pátio, serão de cobre" (Êx 27.19).

Concluindo este capítulo, paira em nossa mente a indagação: Que lições queria o Senhor Deus transmitir ao seu povo, ao dar-lhe o Tabernáculo com todas as suas peças, sacrifícios, números, cores e ordem?

Basicamente, tudo no Tabernáculo indicava que o caminho para a presença de Deus possuía muitos obstáculos.

Por exemplo, o israelita que desejasse aproximar-se de Deus descobriria logo que a casa de Deus estava cercada, e que só havia uma porta de entrada (Jo 10.9). Ao transpor esta, ele se depararia com o grande altar do holocausto, que falava de redenção, e com a pia de bronze, que indicava a necessidade de santificação (Êx 30.18). E se essa pessoa avançasse ainda mais e desejasse entrar no santuário, descobriria então que precisaria pertencer à família sacerdotal, o que implica um novo nascimento.

4

O SACERDÓCIO

A separação dos sacerdotes

Os sacerdotes se ocupavam em servir a Deus, os levitas, em servir aos sacerdotes:

Depois manda que do meio dos israelitas se aproximem a ti o teu irmão Arão e seus filhos Nadabe e Abiú, Eleazar e Itamar, para que me sirvam como sacerdotes (Êx 28.1).

O Senhor falou a Moisés, dizendo: Manda que a tribo de Levi se ponha à disposição do sacerdote Arão e o sirva. Cuidarão do que ele e a comunidade em geral precisarem diante da tenda da reunião, e pelas obrigações dos israelitas no serviço da morada. Confiarás os levitas a Arão e filhos. Eles lhe foram inteiramente entregues por parte dos israelitas (Nm 3.5-9).

A Igreja deve ser como um sacerdócio, a fim de oferecer sacrifícios espirituais a Deus. "Também vós mesmos, como pedras que vivem, sois edificados casa espiritual para serdes sacerdócio santo, a fim de oferecerdes sacrifícios espirituais, agradáveis a Deus por intermédio de Jesus Cristo" (I Pe 2.5).

Os sacerdotes precisavam ser parentes do sumo sacerdote e vestirem-se formosamente. Diz a Bíblia: "Pois tanto o que santifica, como os que são santificados, todos vêm de um só. Por isso é que ele não se envergonha de lhes chamar irmãos" (Hb 2.11).

O crente tem de pertencer à família de Cristo pelo novo nascimento, e de estar vestido com vestes de justiça e de glória. Jesus deixou isso bem claro na parábola das bodas: "E perguntou-lhe: Amigo, como entraste aqui sem veste nupcial? E ele emudeceu" (Mt 22.12).

O novo nascimento é a veste nupcial do crente: "Respondeu Jesus: Em verdade, em verdade te digo: Quem não nascer da água e do Espírito não pode entrar no reino de Deus. O que é nascido da carne, é carne; e o que é nascido do Espírito, é espírito. Não te admires de eu te dizer: Importa-vos nascer de novo" (Jo 3.5-7).

A mesma lição aprendemos da parábola do filho pródigo, onde o Pai provê primeiramente o melhor vestido para aquele que se arrependera e voltara ao lar paterno.

Os sacerdotes eram constituídos em favor dos homens nas coisas pertencentes a Deus. Segundo Hebreus 5.1-3, os crentes, como sacerdotes, entram na presença de Deus em favor dos homens. O sacerdócio universal dos crentes foi uma das doutrinas basilares da Reforma Protestante.

A consagração dos sacerdotes

Antes da mediação, o sacerdócio. Cristo não é sacerdote para o mundo, mas para a Igreja. "É por eles que eu rogo; não rogo pelo mundo, mas por aqueles que me deste, porque são teus.

Não rogo somente por estes, mas também por aqueles que vierem a crer em mim, por intermédio da sua palavra" (Jo 17.9,20).

Os sacerdotes não se consagram a si mesmos. Eles são consagrados por outrem. Devemos apenas apresentar nossos corpos: "Rogo-vos, pois, irmãos, pelas misericórdias de Deus que apresenteis os vossos corpos por sacrifício vivo, santo e agradável a Deus, que é o vosso culto racional" (Rm 12.1).

Os sacerdotes eram constituídos em favor dos homens nas coisas pertencentes a Deus

Os sacerdotes tinham de ser lavados com água. O texto de Êxodo 29.4 diz: "Mandarás avançar Arão e seus dois filhos até a entrada da tenda de reunião, e os lavarás com água".

A grande necessidade e a importância da pureza moral, ou santidade, podem ser avaliadas nestas passagens:

Retirai-vos, retirai-vos, saí de lá, não toqueis cousas imundas; saí do meio dela, purificai-vos, os que levais os utensílios do Senhor (Is 52.11).

Declarou-lhe Jesus: Quem já se banhou não necessita de lavar senão os pés; quanto ao mais está todo limpo. Ora, vós estais limpos, mas não todos (Jo 13.10).

Tendo, pois, ó amados, tais promessas, purifiquemo-nos de toda impureza, tanto da carne, como do espírito, aperfeiçoando a nossa santidade no temor de Deus (2 Co 7.1).

A água também é símbolo do batismo. Arão, como tipo de Cristo, não precisava lavar-se. Jesus não necessitava do batismo de João, mas sujeitou-se a ele, cumprindo, assim, toda a Escritura.

Ele, porém, o dissuadia dizendo: Eu é que preciso ser batizado por ti, e tu vens a mim? Mas Jesus lhe respondeu: Deixa por enquanto, porque assim nos convém cumprir toda a justiça. Então ele o admitiu (Mt 3.14,15).

Arão foi primeiramente lavado e depois ungido.

Tomarás o óleo da unção e, derramando-o sobre a cabeça, o ungirás (Êx 29.7).

Batizado Jesus, saiu logo da água, e eis que se lhe abriram os céus, e viu o Espírito de Deus descendo como pomba, vindo sobre ele (Mt 3.16).

Oh! como é bom e agradável viverem unidos os irmãos! É como o óleo precioso sobre a cabeça, o qual desce para a barba, a barba de Arão! (Sl 133.1,2).

Jesus, seguindo a ordem da consagração dos sacerdotes, foi primeiro batizado nas águas, e depois ungido com o Espírito Santo.

Arão, o sumo sacerdote, como tipo de Cristo, é ungido antes dos sacrifícios. No caso dos sacerdotes, porém, como tipos dos crentes, o sangue precede a unção:

Tomarás o óleo da unção e, derramando-lhe sobre a cabeça, o ungirás. Depois mandarás que se aproximem os filhos e os revestirás com as túnicas (Êx 29.7,8).

Derramou óleo de unção sobre a cabeça de Arão, e o ungiu para consagrá-lo (Lv 8.12).

Mandou aproximarem-se os filhos de Arão, e untou-lhes com sangue o lobo da orelha direita, o polegar da mão direita e o polegar do pé direito, e depois derramou o sangue em torno do altar. Moisés tomou um pouco do óleo de unção e do sangue que estava sobre o altar, aspergiu Arão e suas vestes, bem como os filhos de Arão e suas vestes. Assim consagrou Arão, seus filhos e as respectivas vestes (Lv 8.24-30).

A unção do sumo sacerdote indicava que ele havia de estar cheio do Espírito Santo para edificação e alegria do povo.

Arão foi primeiramente lavado e depois ungido

Não saireis da porta da tenda da congregação, para que não morrais: porque está sobre vós o óleo da unção do Senhor. E fizeram conforme a palavra de Moisés (Lv 10.7).

O enviado de Deus fala as palavras dele, porque Deus não dá o Espírito por medida (Jo 3.34).

Com efeito nos convinha um sumo sacerdote, assim como este, santo, inculpável, sem mácula, separados dos pecadores, e feito mais alto do que os céus (Hb 7.26).

Um detalhe interessante na consagração do sacerdote é que o sacerdócio de Jesus é segundo a ordem de Melquisedeque, e não segundo a de Arão. Somente o sacerdócio de Melquisedeque foi constituído com juramento.

> *O Senhor jurou e não se arrependerá: Tu és sacerdote para sempre, segundo a ordem de Melquisedeque (Sl 110.4).*

> *E visto que não é sem prestar juramento (porque aqueles, sem juramento, são feitos sacerdotes, mas este, com juramento, por aquele que lhe disse: O Senhor jurou e não se arrependerá: Tu és sacerdote para sempre (Hb 7.20,21).*

O bezerro da consagração

A ordem dos sacrifícios cerimoniais da consagração dos sacerdotes está em Êxodo 29, começando pelo versículo 10:

Jesus identificou-se conosco. "Depois mandarás trazer o bezerro diante da tenda de reunião; Arão e os filhos imporão as mãos sobre a cabeça do bezerro." O bezerro aponta para a pessoa de Jesus como o servo sofredor, cheio de mansidão. O fato de Arão e seus filhos porem as mãos sobre a vítima indica a sua identificação com ela.

Jesus sacrificou-se por nós. "Então sacrificarás o bezerro diante do Senhor, à entrada da tenda de reunião. Pegarás uma parte do sangue do bezerro, e com o dedo untarás as pontas do altar, e derramarás todo o resto do sangue ao pé do altar. Tomarás todo o sebo que cobre as vísceras, a membrana gordurosa do fígado, e os dois rins e o sebo que os envolve, e levarás para queimar no altar" (vv. 11-13).

Jesus comprou-nos com o seu sangue. O bezerro degolado, cujo sangue derramava-se à base do altar, aponta para

Jesus: "Por isso eu lhe darei muitos como a sua parte e com os poderosos repartirá ele o despojo, porquanto derramou a sua alma na morte; foi contado com os transgressores, contudo levou sobre si os pecados de muitos, e pelos transgressores intercedeu" (Is 53.12).

Compare com Levítico 17.11: "Porque a vida da carne está no sangue. Eu vo-lo tenho dado sobre o altar, para fazer expiação pelas vossas almas; porquanto é o sangue que fará expiação em virtude da vida".

Jesus deixou-se consumir por amor a nós. As entranhas do animal eram queimadas sobre o altar, dentro do arraial. Jesus deixou-se gastar em favor do seu povo Israel.

Jesus morreu por todos os homens. O restante do bezerro, como a carne, a pele, o esterco, etc., tudo deveria ser queimado fora do arraial, por ser oferta pelo pecado:

> *Mas a carne do bezerro, a pele e os excrementos queimarás fora do acampamento: é sacrifício pelo pecado (Êx 29.14).*

> *Pois aqueles animais, cujo sangue é trazido para dentro do Santo dos Santos pelo sumo sacerdote, como oblação pelo pecado, têm os seus corpos queimados fora do acampamento (Hb 13.11).*

> *Por meio de Jesus, pois, ofereçamos a Deus, sempre, sacrifício de louvor, que é o fruto de lábios que confessam o seu nome. Não negligencieis igualmente a prática do bem e a mútua cooperação, pois com tais sacrifícios Deus se compraz (Hb 13.15,16).*

Se queremos oferecer a Deus verdadeiros sacrifícios de louvor, em que Ele se compraz, temos de seguir o exemplo de Jesus, que se ofereceu em sacrifício na cruz, fora dos muros de Jerusalém.

Arão, o sumo sacerdote, como tipo de Cristo, foi ungido antes dos sacrifícios

Os carneiros da consagração

Depois de imporem as mãos sobre o primeiro carneiro, que é um tipo de Cristo como ofertante, degolam-no, partem-no em pedaços, lavam-lhes as entranhas e pernas e em seguida queimam-no totalmente. Diz a Bíblia:

> *Depois pegarás um carneiro, e Arão e os filhos lhe imporão as mãos sobre a cabeça. Imolarás o carneiro e, depois de lavar as vísceras e as patas, colocarás sobre os outros pedaços e a cabeça, e queimarás todo o animal sobre o altar. É um holocausto ao Senhor, de agradável aroma, um sacrifício ao Senhor, consumido pelo fogo (Êx 29.15-18).*

As entranhas, bem como as pernas lavadas com água, falam da plena santidade de Cristo, tanto íntima como exterior. Indicam, portanto, a nossa correta maneira de andar, conforme recomenda Hebreus 13.20-21:

> *Ora, o Deus da paz, que tornou a trazer dentre os mortos a Jesus nosso Senhor, o grande Pastor das ovelhas, pelo sangue da eterna aliança, vos aperfeiçoe em todo o bem, para cumprirdes a sua vontade, operando em vós o que é agradável diante dele, por Jesus Cristo, a quem seja a glória para todo o sempre. Amém.*

Depois tomava-se outro carneiro — tipo de Cristo como oferta — o qual, mediante imposição de mãos, era degolado, e com o seu sangue ungia-se a orelha direita e o dedo polegar da mão e do pé direito de Arão e de seus filhos. Diz a Bíblia:

> *Depois mandarás pegar o outro carneiro, e Arão e os filhos lhe imporão as mãos sobre a cabeça. Imolarás o carneiro e, com*

> *um pouco de sangue, untarás o lóbulo da orelha direita de Arão e de seus filhos, o polegar direito das mãos e o polegar direito dos pés e aspergirás o sangue em volta do altar.*
>
> *Pegarás um pouco do sangue de cima do altar e o óleo da unção, e aspergirás sobre Arão e suas vestes, bem como sobre os filhos e suas vestes, consagrando-os assim com as vestes.*
>
> *Tirarás a gordura do carneiro, isto é, a cauda, o sebo que cobre as vísceras e a membrana do fígado, os dois rins com o sebo que os envolve e a coxa direita, pois este é o carneiro de consagração (Êx 29.19-22).*

A orelha indica que os ouvidos dos sacerdotes estavam ungidos e prontos para ouvir a Palavra de Deus. Os polegares da mão direita de Arão e seus filhos indicam a prática do bem, as boas obras (Ef 2.10), e os polegares dos pés indicam preparação para andar pelo caminho reto (Sl 1.1).

Esta unção da orelha à ponta dos dedos dos pés, indicando as extremidades do corpo, nos ensina que devemos entregar toda a nossa vida a serviço de Deus, como o fez Davi: "Bendize, ó minha alma, ao Senhor. E tudo o que há em mim bendiga o seu santo nome. Bendize, ó minha alma ao Senhor, e não te esqueças de nem um só de seus benefícios" (Sl 103.1,2).

O fato de os sacerdotes terem sido ungidos com sangue apenas no lado direito os identifica como os escolhidos de Cristo:

> *E porás as ovelhas à sua direita, mas os cabritos à esquerda: então dirá o Rei aos que estiverem à sua direita: Vinde, benditos de meu Pai! Entrai na posse do reino que vos está preparado desde a fundação do mundo (Mt 25.33,34).*

O alimento dos sacerdotes

Graça, afetos e poder. "Tirarás a gordura do carneiro, isto é, a cauda, o sebo que cobre as vísceras com o sebo que os envolve e a coxa direita, pois este é o carneiro de consagração" (Êx 29.22).

O crente, como sacerdote, alimenta-se da graça de Deus representada pelas gorduras (sebo), dos afetos de Cristo simbolizados pelas entranhas do animal, e vence pela força dos ombros de Cristo.

Os alimentos, antes de serem ingeridos pelos sacerdotes, eram consagrados a Deus

Pão vivo, descido do céu. "Além disso, tirarás da cesta dos pães sem fermento, que está diante do Senhor, um pão, uma torta do pão de azeite e uma bolacha, e depositarás tudo isto nas mãos de Arão e dos filhos, fazendo que eles os ofereçam com um gesto diante do Senhor. Depois tirarás das mãos deles e queimarás no altar, em cima do holocausto, como agradável aroma perante o Senhor, um sacrifício ao Senhor, consumido pelo fogo" (Êx 29.23-25).

Esses alimentos sem levedura, que eram inteiramente consumidos sobre o holocausto, indicam o Senhor Jesus como o Pão Vivo e Santo que desceu do céu e ofereceu-se totalmente ao Pai na cruz.

Note-se que os alimentos oferecidos a Deus são queimados, enquanto o peito e a coxa, depois de apresentados a Deus para serem por Ele abençoados, são comidos pelos sacerdotes. Trata-se, portanto, de movimentos diferentes e com fins distintos, como o texto que segue:

> *Tomarás também o peito do carneiro da investidura de Arão e o agitarás como oferenda apresentada ao Senhor; essa será a tua parte. Assim consagrarás o peito apresentado e a coxa oferecida, isto é, as partes do carneiro de investidura que foram agitadas como oferenda e tiradas como tributo, pertencentes a Arão e a seus filhos (Êx 29.26,27).*

5

AS VESTES SACERDOTAIS

As roupas santas apontavam para a justiça de Cristo (Ap 19.8), e indicavam que os sacerdotes eram homens ativos e preparados para a obra de Deus.

A túnica. Esta é a primeira peça descrita em Êxodo 28.39: "Mandarás tecer a túnica e a mitra de linho fino, e bordar artisticamente o cinto".

A túnica de linho fino era uma peça interior, representando o evangelho, que não pode ser partido ou fragmentado: "Os soldados pois, quando crucificaram a Jesus, tomaram-lhe as vestes e fizeram quatro partes; para cada soldado... A túnica, porém, era sem costura, toda tecida de alto a baixo. Disseram, pois, uns aos outros: Não a rasguemos, mas lancemos sorte sobre ela para ver a quem caberá — para se cumprir as Escrituras: Repartiram entre si as minhas vestes e sobre a minha túnica lançaram sortes. Assim, pois, o fizeram os soldados" (Jo 19.23,24).

A sobrepeliz. O manto do éfode, ou sobrepeliz, era uma peça curta, feita em azul. Possuía uma abertura para a cabeça e era bordada com romãs em azul, púrpura e carmesim. Havia também campainhas de ouro, entre uma romã e outra. A Bíblia a descreve desta maneira:

As vestes sacerdotais apontavam para a justiça de Cristo

Farás o manto do éfode todo de púrpura violácea. Terá no meio uma abertura para a cabeça, e esta abertura terá em toda a volta uma barra reforçada, como a orla do colete que não se rasga. Na parte inferior, ao redor de toda a orla, porás romãs de púrpura violácea, vermelha e carmesim, alternando com campainhas de ouro.

> *Haverá uma campainha de ouro e uma romã, sucessivamente, em volta de toda a orla inferior do manto. Arão o vestirá para exercer o ministério, e será ouvido quando entrar e sair do santuário, sem morrer na presença do Senhor (Êx 28.31-35).*

Os frutos só podem surgir de uma vida redimida (carmesim), santificada (fundo branco), glorificada (a púrpura) e assentada nos lugares celestiais (o azul). Estas cores correspondem ao estado do crente conforme Efésios 2.5,6: "E estando nós mortos em nossos delitos, nos deu vida juntamente com Cristo — pela graça sois salvos, e juntamente com ele nos ressuscitou e nos fez assentar nos lugares celestiais em Cristo Jesus".

As campainhas de ouro, que falam da adoração, ou glorificação, estão acompanhadas das romãs, um tipo da frutificação. O verdadeiro louvor e a verdadeira adoração só acontecem, só se tornam efetivos, quando há frutificação.

A estola. Também conhecida por éfode, a estola sacerdotal está descrita em Êxodo 28.6-12:

> *O éfode será feito de ouro, de púrpura violácea, vermelha e carmesim e de linho fino torcido, artisticamente entretecidos. Terá duas ombreiras pregadas nas duas extremidades e assim será prendido. O cinto que está por cima do éfode será do mesmo tecido: de ouro, de púrpura violácea, vermelha e carmesim e de linho fino torcido.*
>
> *Tomarás duas pedras de ônix e gravarás os nomes das tribos israelitas: seis nomes numa pedra e os restantes seis na outra pedra, por ordem de nascimento. Nas duas pedras gravarás os nomes das tribos de Israel, assim como trabalha o lapidador gravando sinetes, e as embutirás em engastes de ouro.*

Depois inserirás as duas pedras nas ombreiras do éfode, como recordação para os israelitas. Deste modo levará Arão os seus nomes sobre os dois ombros na presença do Senhor, como recordação.

Esta peça dividia-se em duas partes: frente e costas, unidas por duas pedras de ônix, com os nomes das doze tribos que Arão levava diante do Senhor. Sobre seus ombros Jesus suporta, com o seu poder, todo o seu povo.

Notem também as cores desta peça: o ouro, o azul e o carmesim, que falam dos aspectos do caráter de Jesus.

O peitoral. Diferentemente da estola, onde Cristo suporta sobre seus próprios ombros o seu povo, no peitoral esse mesmo povo, agora representado por doze pedras, está no coração de seu Senhor e Salvador.

Mandarás fazer o peitoral do juízo artisticamente trabalhado, do mesmo tecido do éfode; de ouro, de púrpura violácea, vermelha e carmesim e de linho fino torcido. Dobrado, ele será quadrado, com um palmo de comprimento e um de largura. Enfeitarás o peitoral com engastes de pedraria, quatro carreiras de pedras preciosas.

Na primeira carreira haverá um rubi, um crisólito e uma esmeralda; na segunda uma turquesa, uma safira e um ônix; na terceira, uma opala, uma ágata e uma ametista; e na quarta, um crisólito, um berilo e um jaspe. Elas estarão engastadas em ouro. As pedras levarão os doze nomes dos filhos de Israel. Serão gravadas como sinetes, cada uma com o nome de uma das doze tribos...

Assim, quando Arão entrar no santuário, levará sobre o coração os nomes das tribos de Israel no peitoral do juízo, como recordação perpétua na presença do Senhor (Êx 28.15-21,29).

Jesus disse: "Como o Pai me amou, também eu vos amei; permanecei no meu amor" (Jo 15.9). Estando assim no coração de Cristo, podemos perguntar com Paulo: "Quem nos separará do amor de Cristo? Será tribulação, ou angústia, ou perseguição, ou fome, ou nudez, ou perigo, ou espada?" (Rm 8.35)

É profundo e maravilhoso o significado tipológico dessas pedras e da posição que elas ocupam nas vestes sagradas de Arão.

A primeira lição que temos é a de que uma pedra preciosa possui a capacidade de refletir a luz que sobre ela incide.

Quanto maior for essa luz, tanto maior será o esplendor da pedra, de modo que esta jamais pode ser obscurecida pela luz, mas somente ter o seu brilho cada vez mais aumentado. Jesus disse: "Eu sou a luz do mundo. Quem me segue não andará em trevas, mas terá a luz da vida" (Jo 8.12).

É a luz da vida em nós que faz de nós a luz do mundo, como disse Jesus: "Vós sois a luz do mundo. Não se pode esconder uma cidade edificada sobre um monte. Nem se acende uma lâmpada e se coloca debaixo de uma vasilha, mas no candelabro, e ilumina a todos os que estão na casa. Assim resplandeça a vossa luz diante dos homens, para que vejam as vossas boas obras e glorifiquem a vosso Pai que está nos céus" (Mt 5.14-16).

A segunda lição que aprendemos dessas pedras é que todo o povo de Deus, tanto o menor como o maior, é levado à presença de Deus nos ombros e no peito de Jesus. Pela graça de Deus, cada cristão em particular, e toda a Igreja em geral, resplandece em toda a sua formosura descansado no poder de Jesus, representado pelos ombros, e no amor de Jesus, representado pelo peito do sumo sacerdote.

Assim como o povo israelita, a despeito de suas fraquezas ou faltas, era representado diante de Deus pelo sumo sacerdote da antiga aliança, assim também os filhos de Deus, embora provados, tentados e humilhados, é representado constantemente diante do Pai por Jesus, o Sumo Sacerdote da Nova Aliança.

Como é glorioso pensar que Deus nos vê sobre o coração de Jesus, e nos vê como algo precioso! Perante os olhos do Pai Celestial, nós brilhamos sempre em toda a glória de seu Amado Filho. E não apenas brilhamos, mas "todos nós, com o rosto descoberto, refletindo a glória do Senhor, somos transformados de glória em glória na mesma imagem, como pelo Espírito do Senhor" (I Co 3.18).

A terceira lição que as pedras nos ensina é que o mundo não pode perceber a glória que elas possuem, mas somente Deus. O mundo, ao olhar para nós, não pode ver nada além de nossas imperfeições e defeitos, e por isso o juízo dele a nosso respeito é sempre falso e parcial. Mas Deus nos vê como jóias brilhantes, de grande valor, uma vez que fomos comprados pelo preço incalculável do precioso sangue de Cristo.

Um dia, o mundo descobrirá, tarde demais, a razão por que somos tão preciosos aos olhos de Deus, como este mesmo Deus afirma: "Eles serão meus, diz o Senhor dos Exércitos, minha possessão particular naquele dia que prepararei. Poupá-los-ei, como um homem poupa a seu filho, que o serve. Então vereis outra vez a diferença entre o justo e o ímpio, entre o que serve a Deus e o que não o serve" (Ml 3.17,18).

João também escreveu: "Amados, agora somos filhos de Deus, e ainda não se manifestou o que havemos de ser. Mas sabemos que, quando ele se manifestar, seremos semelhantes a ele, porque assim como é, o veremos" (I Jo 3.2).

Acerca do Urim e do Tumim, lemos: "No peitoral do juízo porás o Urim e Tumim. Estarão sobre o coração de Arão quando se apresentar ao Senhor, e assim levará constantemente sobre o coração, na presença do Senhor, o julgamento dos israelitas" (Êx 28.30). Que linda figura! Jesus leva o nosso julgamento sobre seu coração diante do Senhor!

Várias passagens da Escritura, como veremos a seguir, mostram que o Urim estava relacionado com a comunicação da mente de Deus no que dizia respeito às questões levantadas pelo povo de Israel.

> *Ele se apresentará perante Eleazar, o sacerdote, o qual por ele consultará, segundo o juízo de Urim, perante o Senhor (Nm 27.21).*

> *De Levi disse: Dá, ó Deus, o teu Tumim e o teu Urim [as tuas perfeições e as tuas luzes] ao homem que te é fiel, que tu provaste em Massá, com quem contendeste nas águas de Meribá... Ele ensina os teus juízos a Jacó, e a tua lei a Israel. Ele oferece incenso diante de ti, e holocausto sobre o teu altar (Dt 33.8-10).*

> *Consultou Saul ao Senhor, porém o Senhor não lhe respondeu, nem por sonhos, nem por Urim, nem por profetas" (1 Sm 28.6).*

> *Ordenou-lhes o governador que não comessem das coisas santíssimas até que se levantasse um sacerdote com Urim e Tumim (Ed 2.63).*

Por essas passagens percebemos que o sumo sacerdote não só levava o juízo da congregação perante o Senhor, como também comunicava o juízo do Senhor à congregação. Se essas funções eram solenes, o quanto mais solenes não serão as do nosso grande Sumo Sacerdote... "que penetrou nos céus" (Hb 4.14)!

Na Nova Aliança, é Jesus quem leva continuamente o juízo do seu povo sobre o coração, e que, por intermédio do Espírito Santo, comunica-nos o conselho de Deus a respeito dos pormenores mais insignificantes da nossa vida diária. Se andamos em Espírito, não necessitamos de sonhos ou visões, pois o perfeito Urim, no coração de nosso Sumo Sacerdote, nos concede toda a certeza de que necessitamos. "Todo aquele que nele crer não será confundido" (Rm 10.11).

O cinto. Esta peça do vestuário de Arão é um tipo da verdade. Está descrita em Êxodo 28.8,28:

> *O cinto que está por cima do éfode será do mesmo tecido: de ouro, de púrpura violácea, vermelha e carmesim e de linho fino torcido. O peitoral se unirá por suas argolas às do éfode com um cordão de púrpura violácea, para que o peitoral fique por cima do cinto do éfode, e não se desprenda do éfode.*

A figura do cinto foi usada pelos escritores do Novo Testamento, como Pedro: "Por isso cingindo o vosso entendimento, sede sóbrios e esperai inteiramente na graça que vos está sendo trazida na revelação de Jesus Cristo" (1 Pe 1.13), e também por Paulo: "Estai, pois, firmes, cingindo-vos com a verdade, e vestindo-vos da couraça da justiça" (Ef 6.14).

A verdade confere estabilidade ao caráter, unindo todas as virtudes. Por ser muito largo e longo, moderava o movimento do sacerdote. A Palavra de Deus impõe disciplina, prudência e modifica a nossa maneira de andar e de viver:

> *Educando-nos para que, renegadas a impiedade e as paixões mundanas, vivamos no presente século, sensata, justa e piedosamente, aguardando a bendita esperança e a manifestação da glória do nosso grande Deus e Salvador Cristo Jesus (Tt 2.12,13).*

As três palavras do texto citado indicam que o crente tem de viver de maneira sensata, justa e pia. São as três principais fases da corrida cristã: sensata, quando vivemos bem com nós mesmos; justa, quando vivemos bem com nosso próximo; e piedosa, quando vivemos bem com Deus.

Primeiramente o crente tem de resolver o seu próprio problema, buscando viver bem consigo mesmo. Então pode viver em paz com os seus semelhantes, e, finalmente, levar uma vida piedosa, vivendo em perfeita harmonia com o próprio Deus.

O cinto, com o qual todo crente deve estar cingido, fala também de trabalho e vigilância:

> *Levantou-se da ceia, tirou a vestimenta de cima, e, tomando uma toalha, cingiu-se com ela. Depois deitou água na bacia e passou a lavar os pés aos discípulos e a enxugar-lhos com a toalha com que estava cingido (Jo 13.4,5).*

Jesus, que se cingiu para servir, nos adverte:

> *Cingidos estejam os vossos corpos e acesas as vossas candeias. Disse o Senhor: Quem é, pois, o mordomo fiel e prudente, a quem o Senhor confiará os seus conservos para dar-lhes o sustento a seu tempo? Bem-aventurado aquele servo a quem seu senhor, quando vier, achar fazendo assim (Lc 12.35,42,43).*

Devemos estar cingidos com o cinto da verdade, e, vigilantes, prontos para o trabalho.

A mitra. Era um turbante de linho fino, apropriado para cobrir a cabeça do sumo sacerdote, que tinha, na parte dianteira, uma placa de ouro com a inscrição: "Santidade ao Senhor".

> *Farás também uma lâmina de ouro puro e nela gravarás à maneira de gravura de sinetes: Santidade ao Senhor. Ata-la-ás com um cordão de estofo azul, de maneira que esteja na mitra; bem na frente da mitra estará. E estará sobre a testa de Arão, para que Arão leve a iniqüidade concernente às coisas santas, que os filhos de Israel consagrarem em todas as ofertas de suas coisas santas; sempre estará sobre a testa de Arão, para que eles sejam aceitos perante o Senhor (Êx 28.36-38).*

O apóstolo Paulo tem em mente a mitra, quando escreve: "Tomai também o capacete da salvação..." (Ef 6.17)

A placa de ouro com as palavras "Santidade ao Senhor" mostra que sem a santificação ninguém verá o Senhor (Hb 12.14).

Calções de linho. Cobriam dos lombos às coxas, e indicavam que todo o serviço devia ser espontâneo: "Faze-lhes também calções de linho para cobrirem a pele nua: irão da cintura às coxas" (Êx 28.42). "Tiaras de linho lhes estarão sobre as cabeças, e calções de linho sobre as coxas; não se cingirão a ponto de lhes vir suor" (Ez 44.18).

6

OS SACRIFÍCIOS

A páscoa

A Páscoa marcou o começo de uma nova era para o povo de Deus. Somente a partir da redenção, a vida de Israel passa a ter real significado, pelo fato de andar com Deus: "E falou o Senhor a Moisés e a Arão no Egito: Este mês será para vós o começo dos meses, será o primeiro mês do ano" (Êx 12.1,2).

Jesus é a nossa Páscoa, conforme ensina o apóstolo Paulo nesta passagem: "Lançai fora o velho fermento, para que sejais nova massa, como sois de fato, sem fermento. Pois também Cristo, nosso Cordeiro pascal, foi imolado" (I Co 5.7). Da descrição da Páscoa, de Êxodo 12.1-28, destacamos alguns pontos interessantes, para compararmos com o ensino do Novo Testamento.

A separação do cordeiro. O cordeiro deveria ser guardado quatro dias: "Falai a toda a comunidade de Israel, dizendo: No dia dez deste mês cada um tome um animal por família, para cada casa. Devereis guardá-lo fechado até o dia catorze deste mês, quando toda a comunidade de Israel reunida o imolará" (vv. 3,6). Jesus, cumprindo rigorosamente esta profecia tipológica, entrou em Jerusalém quatro dias antes da Páscoa.

A perfeição do cordeiro. No verso cinco encontramos que o cordeiro tinha de ser perfeito: "O animal será sem defeito, um macho de um ano. Podereis escolher tanto um cordeiro como um cabrito".

O cordeiro deveria ser guardado quatro dias

A suficiência do cordeiro. Se um cordeiro fosse muito para uma família, deveria ser repartido com os vizinhos: "Se a família for pequena demais para um animal, convidará também o vizinho mais próximo, de acordo com o número de comensais por animal" (v. 4).

Estamos nós também repartindo Cristo, o Cordeiro de Deus, com os nossos vizinhos? Quando os discípulos levaram ao seu Senhor o problema da multidão faminta, sugerindo-lhe que a despedisse, Ele lhes disse: "Não precisam retirar-se, dai-lhes vós mesmos de comer" (Mt 14.16). O cordeiro deveria ser entregue por toda a congregação, isto é, em favor de todo o povo. Jesus foi entregue por Deus para ser o Salvador de todo aquele que nele crê (Jo 3.16).

O sangue do cordeiro. Cada israelita devia apropriar-se do sangue. "Tomarão um pouco do sangue e untarão a moldura da porta das casas onde comerem" (v. 7).

Para aqueles que não se apropriam do sangue de Jesus, de nada vale o sacrifício expiatório do Calvário. A salvação é para todos, mas é necessário que cada um se aproprie dela através do sangue de Jesus. O valor da morte de Cristo é universal em sua suficiência, mas restrito em sua eficiência.

Os sofrimentos do cordeiro. A Páscoa devia ser comida com ervas amargas: "Comerão a carne nesta mesma noite. Deverão comê-la assada ao fogo, com pães sem fermento e ervas amargas" (v. 8).

Este texto fala do arrependimento, da tristeza pelo pecado, da lembrança dos sofrimentos de Jesus na cruz. A carne assada ao fogo fala das suas provações, de como Ele foi provado por Deus. Os pães sem levedura falam de Jesus como o verdadeiro Pão do céu, sem pecado, sem mancha, sem hipocrisia.

O cordeiro assado ao fogo. Os israelitas não deveriam comer nenhuma parte do cordeiro crua: "Não deveis comer dessa carne nada de cru, ou cozido em água, mas assado ao fogo, inteiro, com cabeça, pernas e vísceras" (v. 9).

A fé só tem valor quando posta no Cristo crucificado, morto e ressuscitado: "Assim, que, nós, daqui por diante, a ninguém conhecemos segundo a carne, e, se antes conhecemos a Cristo segundo a carne, agora já não o conhecemos deste modo" (2 Co 5.16).

A cabeça indica a mente de Cristo e fala dos pensamentos puros: "Pensai nas coisas lá do alto, não nas que são aqui da terra" (Cl 3.2). "Pois, quem conheceu a mente do Senhor, que o possa instruir? Nós, porém, temos a mente de Cristo" (1 Co 2.16). Os pés indicam a vida exemplar e santa de Jesus, e a fressura (ou entranhas) fala do afeto, do seu amor.

Quando devemos apropriar-nos do cordeiro? No versículo 10 lemos: "Não deixareis nada para o dia seguinte. O que sobrar, devereis queimá-lo no fogo".

O tempo para nos apropriarmos da plenitude de Cristo é esta vida presente: "Porque todos nós temos recebido da sua plenitude, e graça sobre graça" (Jo 1.16). "Até que todos cheguemos à unidade da fé e do pleno conhecimento do Filho de Deus, à perfeita varonilidade, à medida da estatura da plenitude de Cristo" (Ef 4.13).

A expressão "o dia seguinte" fala do retorno de Cristo — um novo dia. "Assim como também eu recebi de meu Pai, darlhe-ei ainda a estrela da manhã. Eu, Jesus, enviei o meu anjo para vos testificar estas coisas às igrejas. Eu sou a raiz e a geração de Davi, a brilhante estrela da manhã" (Ap 2.28; 22.16). "O que sobrar, devereis queimá-lo", indica que só se pode tomar posse da salvação na presente dispensação da graça.

O animal seria sem defeito, um macho de um ano

Há uma relação perfeita entre o cordeiro da Páscoa e Jesus. Embora dezenas de milhares de cordeiros tenham morrido na primeira Páscoa, em Êxodo 12 a palavra "cordeiro" não aparece uma só vez no plural, mas sempre no singular. Nos versos 3, 4 e 5 de Êxodo 12 Moody observou três passos no relacionamento do cordeiro com o povo de Deus: um cordeiro, um Salvador — Êxodo 12.3 e Lucas 2.11; o cordeiro, o Salvador — Êxodo 12.4 e João 4.42; seu cordeiro, meu Salvador — Êxodo 12.5 e Lucas 1.47.

A primeira páscoa

Como os israelitas comeram a primeira Páscoa?

Com os lombos cingidos (Êx 12.11). Ora, os crentes devem celebrar a sua "Páscoa" tendo os lombos cingidos com a verdade, prontos para partir como estavam os israelitas no Egito. "Assim o comereis: com os cintos na cintura, os pés calçados, o bordão na mão; e comereis às pressas, pois é a Páscoa do Senhor" (v. 11). "Estai, pois, firmes, cingindo-vos com a verdade, e vestindo-vos com a couraça da justiça" (Ef 6.14).

E o Senhor Jesus recomenda: "Cingidos estejam os vossos corpos e acesas as vossas candeias. Sede vós semelhantes a homens que esperam pelo seu senhor, ao voltar ele das festas de casamento, para que quando vier a bater à porta, logo lha abram" (Lc 12.35,36).

Com os pés calçados. As sandálias nos pés falam da pregação do Evangelho da paz: "Que formosos são sobre os montes os pés do que anuncia as boas-novas, que diz a Sião: o teu Deus reina!" (Is 52.7). "Calçai os pés com a preparação do Evangelho da paz" (Ef 6.15).

Com o cajado nas mãos. Todo crente é estrangeiro e peregrino aqui na terra. É este o testemunho de Jacó e do salmista:

"Sou indigno de todas as misericórdias, de toda a fidelidade que tens usado para com o teu servo; pois com apenas o meu cajado atravessei este Jordão; já agora sou dois bandos" (Gn 32.10). "Sou peregrino na terra: não escondas de mim os teus mandamentos" (Sl 119.19).

Ao enviar seus discípulos, Jesus "ordenou-lhes que nada levassem para o caminho, exceto um bordão: nem pão, nem alforje, nem dinheiro" (Mc 6.8).

Temos ainda o testemunho do autor da carta aos Hebreus: "Todos estes morreram na fé, sem ter obtido as promessas, vendo-as, porém, de longe, e saudando-as, e confessando que eram estrangeiros e peregrinos sobre a terra" (Hb 11.13).

E mais adiante: "Pela fé Jacó, quando estava para morrer, abençoou cada um dos filhos de José, e, apoiado sobre a extremidade do seu bordão, adorou" (Hb 11.21). E, finalmente, a palavra de Pedro: "Amados, exorto-vos, como peregrinos e forasteiros que sois, a vos absterdes das paixões carnais que fazem guerra contra a alma" (1 Pe 2.11).

João Bunyan fala dos peregrinos a caminho da pátria celestial assediados por comerciantes ávidos por vender seus produtos.

> *O que mais assombrava os mercadores, porém, era o fato de os peregrinos fazerem pouco caso das mercadorias, não se dando sequer ao incômodo de olhar para elas. E se alguém os chamava para comprarem, tapavam os ouvidos, exclamando: Desvia os meus olhos de contemplarem a vaidade (Sl 119.37). E olhavam para cima, dando a entender que os seus negócios estavam no Céu (Fp 3.20,21).*

> *Um dos da feira, querendo zombar destes homens, perguntou-lhes com insolência: Que quereis comprar? E eles, encaran-*

do-o com muita seriedade, responderam: Compramos a verdade (Pv 23.23) (O Peregrino, Casa Publicadora das Assembléias de Deus, Lisboa, Portugal, 1981, p. 126.)

A proteção do sangue. O sangue do cordeiro foi a proteção contra a escravidão e o juízo: "O sangue vos será por sinal nas casas em que estiverdes: quando eu vir o sangue, passarei por vós e não haverá entre vós praga destruidora, quando eu ferir a terra do Egito" (Êx 12.13).

O sangue de Jesus nos livra da escravidão de Satanás e da punição ou juízo eterno.

Uma coisa somente era necessária ao povo de Israel para que permanecesse em paz na passagem do anjo destruidor, e essa coisa era a aspersão do sangue. Deus, em seu grande amor, havia encontrado um substituto inocente para que morresse em lugar dos israelitas.

Em um sentido mais amplo, todos nós merecíamos morrer a morte eterna, mas Jesus Cristo, "o Cordeiro de Deus que tira o pecado do mundo" (Jo 1.29), tomou o nosso lugar na cruz. Tanto em relação a Israel como em relação a nós, as exigências de Deus e as nossas necessidades foram plenamente satisfeitas por uma mesma provisão: o sangue.

O sangue aspergido fora das portas era a garantia perfeita de livramento, e por isso, do lado de dentro, reinava a paz. Qualquer dúvida que o israelita alimentasse seria uma afronta para com o sangue da expiação.

É importante salientar que o israelita não descansava sobre os seus próprios conceitos, ou sentimentos, ou experiências a respeito do sangue, pois se assim agisse ele estaria descansando sobre um fundamento fraco e movediço. Por mais superficiais ou profundos que fossem os seus conceitos, sentimentos ou experiências acerca do valor do sangue, isso nada tinha a ver com o fundamento da sua paz.

Deus não havia exigido dos israelitas que eles vissem o sangue, ou que o avaliassem corretamente, pois isso os teria deixado em profundo desespero, uma vez que é impossível ao homem mortal apreciar devidamente o valor do sangue do Cordeiro de Deus.

A segurança dos filhos de Israel dentro de suas casas consistia na certeza de que os olhos do Senhor estavam postos sobre o sangue, e de que ele apreciava devidamente o seu valor. O israelita dentro de casa não podia ver o sangue, que estava do lado de fora, mas Deus o via, e isso era mais do que suficiente.

A tipologia daquele sangue é bem clara. Tendo Jesus derramado o seu precioso sangue em expiação perfeita pelo pecado, levou esse sangue à presença de Deus Pai, e ali fez a aspersão dele.

Essa obra de Jesus nos garante que a nossa dívida está totalmente liquidada, não pela avaliação que fazemos do sangue, mas pelo sangue em si, que tem grande valor para Deus. É por causa desse sangue que Deus pode perdoar com justiça todo o nosso pecado, e nos aceitar como pessoas perfeitamente justas em Cristo.

Como poderia alguém desfrutar paz segura se a sua paz dependesse da sua própria apreciação do sangue? Seria possível? A melhor apreciação que o espírito humano possa formar do sangue estará sempre infinitamente abaixo do seu valor divino; e, portanto, se a nossa paz dependesse da apreciação que lhe devíamos dar, nós jamais poderíamos gozar de uma paz segura. O mesmo se daria se a buscássemos pelas obras da Lei (Rm 9.32; Gl 2.16; 3.10).

O fundamento da paz ou há de ser somente o sangue, ou então nunca teremos paz. Juntar-lhe o valor que nós lhe damos é derrubar todo o edifício do cristianismo, precisamente como se conduzíssemos o pecador ao pé do monte Sinai e o puséssemos debaixo do concerto da Lei. Ou o sacrifício de Cristo é suficiente ou não é — se é suficiente, por que essas dúvidas e temores? As palavras dos nossos lábios confessam que a obra está cumprida, mas as dúvidas e temores do coração declaram que não. Todo aquele que duvida do seu perdão perfeito e eterno, nega, tanto quanto lhe diz respeito, o cumprimento do sacrifício de Cristo (Ob. cit., p. 108).

A oferta queimada

Um ato tríplice. Analisando os textos de Levítico 1.1-17 e 6.8-13, vemos a oferta queimada como um ato tríplice:

1) De adoração, devoção e dedicação a Deus: *Se a oferta for um holocausto de gado bovino, deverá oferecer um macho sem defeito, que levará até a entrada da tenda de reunião, para ser agradável ao Senhor (Lv 1.3).*

2) De propiciação, porque o homem não tem prazer nas coisas de Deus.

3) De expiação, porque Cristo o realizou vicariamente em lugar do pecador: *Imporá a mão sobre a cabeça da vítima e será aceita como expiação (Lv 1.4).*

Jesus ofereceu um sacrifício perfeito. Note bem as palavras-chave que aparecem em Hebreus 9.11-14:

> *Quando, porém, veio Cristo como sumo sacerdote dos bens já realizados, mediante o maior e mais perfeito tabernáculo, não feito por mãos, quer dizer, não desta criação, não por meio de sangue de bodes e de bezerros, mas pelo seu próprio sangue, entrou no Santo dos Santos, uma vez por todas, tendo obtido eterna redenção.*
>
> *Portanto, se o sangue de bode e de touros, e a cinza de uma novilha, aspergida sobre os contaminados, os santifica, quanto à purificação da carne, muito mais o sangue de Cristo que, pelo Espírito eterno, a si mesmo se ofereceu sem mácula a Deus, purificará a vossa consciência de obras mortas para servirmos ao Deus vivo!*

A finalidade da oferta queimada era para que o povo fosse aceito.

> *Por isso, ao entrar no mundo, diz: Sacrifício e oferta não quiseste, antes corpo me formaste; não te deleitaste com holocaustos e ofertas pelo pecado. Então eu disse: Eis aqui estou (no rolo do livro está escrito a meu respeito), para fazer, ó Deus, a tua vontade (Hb 10.5-7).*

Era também uma expiação voluntária: "A si mesmo se humilhou, tornando-se obediente até a morte, e morte de cruz" (Fp 2.8) — o adorador não buscava as bênçãos para si.

A plena santidade de Cristo. Os versículos 9 a 13 do primeiro capítulo de Levítico falam de um coração e um caminhar santos. "As vísceras e as patas deverá lavá-las em água. Depois o sacerdote oferecerá tudo e queimará sobre o altar. É um holocausto, um sacrifício pelo fogo, de suave odor para o Senhor" (v. 13).

As "vísceras" e as "patas" da vítima, lavadas com água, indicam a santidade de Cristo na sua plenitude, tanto íntima como externa. Considerando que a vítima era sacrificada em lugar do ofertante, era como se o próprio ofertante estivesse oferecendo a Deus uma vida santa em toda a maneira de viver (pernas ou patas) e um coração puro (vísceras ou fressura).

A suprema renúncia de Cristo. Bois e bezerros, como vítimas, são tipos da mansidão, paciência, abnegação e trabalho de Cristo. Esta figura aponta para Isaías 52.13-15:

> *Eis que o meu servo procederá com prudência: será exaltado e elevado, e será sublime. Como pasmaram muitos à vista dele, pois o seu aspecto estava mui desfigurado, mais do que o de outro qualquer, e a sua aparência mais do que a dos outros filhos dos homens, assim causará admiração às nações, e os reis fecharão as suas bocas por causa dele, porque aquilo que não lhes foi anunciado verão, e aquilo que não ouviram entenderão.*

O autor da carta aos Hebreus mostra como Cristo cumpriu perfeitamente as profecias a esse respeito:

> *Olhando firmemente para o autor e consumador da fé, Jesus, o qual, em troca da alegria que lhe estava proposta, suportou a cruz, não fazendo caso da ignomínia, e está assentado à destra do trono de Deus. Considerai, pois, atentamente, aquele que suportou tamanha oposição dos pecadores contra si mesmo, para que não vos fatigueis, desmaiando em vossas almas (Hb 12.2,3).*

A plena entrega de Cristo. O cordeiro é o tipo de Cristo em sua rendição voluntária à morte de cruz:

Ele foi oprimido e humilhado, mas não abriu a sua boca; como cordeiro foi levado ao matadouro e, como ovelha muda perante os seus tosquiadores, ele não abriu a sua boca (Is 53.7).

A finalidade da oferta queimada era para que o povo fosse aceito

O cabrito, tipo do pecador, aponta para Jesus contado com os transgressores, conforme Isaías 53.12:

Por isso eu lhe darei muitos como a sua parte e com os poderosos repartirá ele o despojo, porquanto derramou a sua alma na morte: foi contado com os transgressores, contudo levou sobre si o pecado de muitos, e pelos transgressores intercedeu.

Lucas registra o fiel cumprimento dessa passagem de Isaías: "Quando chegaram ao lugar chamado Calvário, ali o crucificaram, bem como aos malfeitores, um à direita, outro à esquerda" (Lc 23.33).

A entrega tinha de ser total

Dividirá a vítima em pedaços, que os sacerdotes colocarão sobre a lenha acesa no altar, junto com a cabeça e a gordura. As vísceras e as patas deverá lavá-las em água. Depois o sacerdote oferecerá tudo e queimará sobre o altar. É um holocausto, um sacrifício pelo fogo, de suave odor para o Senhor.

Até o mais pobre podia oferecer a Deus o seu sacrifício, como um pombinho, animal muito fácil de ser adquirido: "Se a sua oferta ao Senhor for holocausto de aves, trará a sua oferta de rolas ou de pombinhos" (v. 14).

Cheiro suave e manjares

Equilíbrio e prova. Dos textos bíblicos de Levítico 2.1-16 e 6.14-23, queremos destacar alguns versículos que revelam características significativas deste tipo de oferta do Antigo Testamento, como o equilíbrio do caráter de Jesus nos elementos "flor de farinha", "azeite" e "incenso" (2.1) e da prova que Ele teve de sofrer (2.2).

Jesus sofreu as tentações das riquezas, do poderio (com a possibilidade de possuir todos os reinos deste mundo); sofreu a tentação da fama, pois as multidões o acompanhavam.

Os gregos também estiveram à procura de Jesus, e a esse respeito o escritor E. Stanley Jones comenta o texto de João 12.20-33, que transcrevo da tradução de Mateus Hoepers:

> *Havia alguns gregos entre os que tinham subido para o culto da festa. Aproximando-se de Filipe, o de Betsaida da Galiléia, rogaram-lhe: Senhor, queremos ver Jesus.*
>
> *Filipe foi e falou com André. André e Filipe vieram dizer a Jesus. Jesus respondeu-lhes, dizendo: É chegada a hora em que o Filho do homem será glorificado. Em verdade, em verdade vos digo: se o grão de trigo, caindo na terra, não morrer, fica só, mas se morrer, produz muito fruto. Quem ama sua vida, acabará perdendo-a; mas quem odiar sua vida neste mundo, vai guardá-la para a vida eterna. Se alguém me quiser servir, siga-me. Onde eu estiver, estará também meu servo. Se alguém me quiser seguir, o Pai o honrará.*
>
> *Agora minha alma está perturbada. Mas o que direi? Pai, livra-me desta hora? Mas é exatamente para isso que vim para esta hora. Pai, glorifica teu nome! Veio então uma voz do Céu: Já o glorifiquei e tornarei a glorificá-lo. A multidão, que ali se encontrava e ouvira, dizia: Trovejou. Outros diziam: Um anjo falou com ele.*
>
> *Jesus, respondendo, disse: Não por mim se fez ouvir esta voz, mas por vós. Está na hora do julgamento deste mundo. Está na hora de ser jogado fora o príncipe deste mundo. E eu, quando for levantado da terra, atrairei todos os homens a mim. Dizia isto para significar de que morte havia de morrer.*

É provável que tivesse vindo uma embaixada para aconselhá-lo a deixar os judeus e ir para junto dos gregos. Não é esta uma interpretação forçada, pois conta a tradição ter o príncipe de Edessa mandado uma embaixada a Jesus para pedir-lhe que fosse à sua corte.

Esses gregos provavelmente viram a tempestade que se formava sobre a sua cabeça; perceberam que lhe aconteceria alguma tragédia se continuasse entre os judeus — matá-lo-iam. É provável que tivessem vindo, portanto, para convidá-lo a deixar tudo, e ir a Atenas, onde as mentes eram largas, liberais, onde um ensino como o seu seria apreciado, e onde poderia ele viver longamente como um mestre admirado e respeitado. Por que ir a Jerusalém, onde o esperava a desgraça? Devia deter-se e ir para Atenas.

Eis a luta entre Atenas e Jerusalém: Atenas com superficial e brilhante interesse por tudo, mas sem procurar as profundezas, e Jerusalém com a cruz. Que caminho deveria a Religião, personificada em Jesus, tomar: ir a Atenas para fugir do sofrimento, ou a Jerusalém para enfrentá-lo?

Era a batalha, não do bem e do mal — não havia mal em ir a Atenas — mas a batalha do bem e do melhor: o bem era sem a cruz, e o melhor com ela.

Todos os sistemas, todos os homens se alinham num lado ou noutro deste problema. Usarão o método de Atenas para enfrentar a dor, o método que procura explicar essa dor ou afastá-la por palavras, por sugestões mentais, por conceitos superficiais da vida, pelo hipnotismo, por subterfúgios mentais e espirituais, pela anestesia contra os fatos, por soporíferos; ou tomarão o caminho de Jerusalém — a atitude de deixar cair a tempestade, a atitude de aceitar o Calvário...

Novamente o ouvimos dizer: Que direi eu? Pai, salva-me desta hora? — Deveria ele pedir que fosse libertado, que não fosse obrigado a pagar o sacrifício supremo? — Não, mas alguns de nós estamos pedindo exatamente isso. Estamos pedindo o favor de sermos salvos dessa hora.

É verdade que, apesar disso, chamamos a Deus Pai no momento mesmo de pedir sermos dispensados — somos religiosos, mantendo, ainda, algumas decisões, mas fazendo a suprema recusa de nós mesmos. Pedimos ser salvos desta hora e não para esta hora, mas Jesus responde de uma forma decisiva.

Não. Algum propósito me trouxer para esta hora: todos os séculos me puseram em luta contra esta hora; todos os anelos dos homens me trouxeram diante deste momento. Não posso falhar agora, pois se o fizesse, eu os desiludiria.

É um momento sublime na vida de um homem quando ele pode dizer Não a todos os caminhos inferiores, a todas as contemporizações, a todos os caminhos fáceis, a todas as tentações de ir para Atenas.

É momento maior, entretanto, quando ele pode, perscrutando o âmago das coisas, compreender ter sido algum propósito — algo da providência divina — que o trouxe para esse momento; que ele agora se está identificando com uma vontade onipotente e que essa vontade é sacrificialmente redentora (Jones, E. Stanley, Cristo e o Sofrimento Humano, Imprensa Metodista, S. Paulo, 1949, pp. 141,142,144).

Outras características das ofertas de cheiro suave e de manjares

O incenso (Lv 2.1,2). Ele fala da vida perfeita de Jesus, vida de santidade diante do Pai, e por isso o Pai podia dizer: "Este é meu Filho amado, em quem me comprazo" (Mt 3.17).

Desde a sua infância "crescia Jesus em sabedoria, estatura e graça, diante de Deus e dos homens" (Lc 2.52).

Ausência de fermento. Indica Jesus como a Verdade: "Respondeu-lhes Jesus: Eu sou o caminho, e a verdade, e a vida; ninguém vem ao Pai senão por mim" (Jo 14.6). Receber Jesus por seu Salvador pessoal equivale a renunciar a mentira e a aceitar o conselho do sábio: "Compra a verdade, e não a vendas!" (Pv 23.23)

Amassados com azeite. Esta expressão, como em Levítico 2.7, indica Jesus Cristo nascido por obra da pessoa do Espírito Santo, uma vez que o azeite simboliza a terceira pessoa da Trindade. Foi precisamente o que o anjo do Senhor disse a José:

> *José, filho de Davi, não temas receber Maria, tua mulher, porque o que nela foi gerado é do Espírito Santo. Ela dará à luz um filho e lhe porás o nome de Jesus, porque ele salvará o seu povo dos pecados deles (Mt 1.20,21).*

O mel. Por ser um agente de fermentação, de corrupção, o mel não poderia estar presente nos sacrifícios.

O azeite sobre a oferta (2.15). Significa Cristo ungido, ou cheio do Espírito Santo. "Batizado Jesus, saiu logo da água, e eis que se lhe abriram os céus, e viu o Espírito de Deus descendo como pomba, vindo sobre ele" (Mt 3.16).

O forno (2.4). Indica os sofrimentos invisíveis de Cristo, a sua agonia íntima. A esse respeito a Bíblia diz:

> *Pois naquilo que ele mesmo sofreu, tendo sido tentado, é poderoso para socorrer os que são tentados (Hb 2.18).*

> *Desde a hora sexta até à hora nona houve trevas sobre a terra. Por volta da hora nona, clamou Jesus em alta voz, dizendo:*

Eli, Eli, lemá sabactâni, que quer dizer: Deus meu, Deus meu, por que me desamparaste? (Mt 27.45,46)

A caçoula, ou frigideira (2.5). Indica os sofrimentos visíveis de Jesus, conforme Mateus 27.27-31:

Logo a seguir, os soldados do governador, levando Jesus para o pretório, reuniram em torno dele toda a corte. Despojando-o das vestes, cobriram-no com um manto escarlate; tecendo uma coroa de espinhos, puseram-lha na cabeça, e na mão direita um caniço; e, ajoelhando-se diante dele, o escarneciam, dizendo: Salve, rei dos judeus!

E, cuspindo nele, tomaram o caniço, e davam-lhe com ele na cabeça. Depois de o terem escarnecido, despiram-lhe o manto, e o vestiram com as suas próprias vestes, em seguida o levaram para ser crucificado.

O sal (2.13). Por neutralizar a ação de possíveis resíduos de fermento, o sal é um elemento preservador:

Porque cada um será salgado com fogo. Bom é o sal; mas, se o sal vier a tornar-se insípido, como lhe restaurar o sabor? Tende sal em vós mesmos, e paz uns com os outros (Mc 9.49,50).

A vossa palavra seja sempre agradável, temperada com sal, para saberdes como deveis responder a cada um (Cl 4.6).

Sacrifícios de paz, ou pacíficos

Este tipo de sacrifício está em Levítico 3.17, e também em 7.11-38. Destes versículos vamos destacar alguns:

Cristo fez a paz entre o homem e o seu criador. "E que, havendo feito a paz pelo sangue da sua cruz, por meio dele reconciliasse consigo mesmo todas as cousas, quer sobre a terra, quer nos céus. E a vós outros também que outrora éreis estranhos e inimigos no entendimento pelas vossas obras malignas" (Cl 1.20,21).

Ele também proclamou a paz, conforme Efésios 2.17: "E, vindo, evangelizou paz a vós outros que estáveis longe, e paz também aos que estavam perto". "Porque ele é a nossa paz, o qual de ambos fez um, tendo derrubado a parede da separação que estava no meio, a inimizade" (Ef 2.14).

O preço da paz. (Lv 3.2,3). "Imporá a mão sobre a cabeça da vítima e imolará à entrada da tenda da reunião. Depois os sacerdotes aronitas derramarão o sangue em torno do altar. Deste sacrifício pacífico oferecerá, como sacrifício pelo fogo ao Senhor, a gordura que envolve as vísceras e toda a gordura aderente." A nossa paz custou o sangue e o fogo.

Os resultados da paz com Deus. Como resultado do sacrifício pacífico de Cristo, temos acesso às ricas provisões divinas: "O sacerdote queimará a gordura no altar, e o peito ficará para Arão e seus filhos. Dareis também ao sacerdote a coxa direita, como tributo de vossos sacrifícios pacíficos" (Lv 7.31,32).

O peito indica provisão de amor, de afeto. Uma das mais belas descrições do amor de Jesus por seus discípulos temos em João 13.1: "Ora, antes da festa da páscoa, sabendo Jesus que era chegada a sua hora de passar deste mundo para o Pai, tendo amado os seus que estavam no mundo, amou-os até o fim".

A coxa indica provisão de poder para o crente: "Jesus, aproximando-se, falou-lhes, dizendo: Toda a autoridade me foi dada no céu e na terra". O apóstolo Paulo afirma: "Tudo posso naquele que me fortalece" (Mt 28.18; Fp 4.13).

Em nossa comunhão com o Pai nos alimentamos dos afetos e do poder de Jesus Cristo.

Os sacrifícios de paz podem ser também de ação de graças: "Esta é a lei do sacrifício pacífico que se oferece ao Senhor: Se for oferecido em ação de graças, além da vítima de ação de graças, serão oferecidos pães sem fermento untados de azeite, e flor de farinha embebida em azeite" (Lv 7.11,12).

Sacrifícios pelo pecado

Cristo se fez pecado por nós. Os sacrifícios pelo pecado representam Cristo feito pecado por nós: "Aquele que não conheceu pecado, ele o fez pecado por nós; para que nele fôssemos feitos justiça de Deus" (2 Co 5.21).

No texto de Levítico 6.17-23, que trata desse tipo de sacrifício, percebemos que a santidade de Cristo é preservada:

> *O Senhor falou a Moisés, dizendo: Fala para Arão e seus filhos: Esta é a lei do sacrifício expiatório. No lugar onde se imola o holocausto, também será imolada diante do Senhor a vítima pelo pecado. É coisa santíssima.*
>
> *O sacerdote que oferecer a vítima pelo pecado, dela poderá comer. Deve ser comida em lugar santo, no átrio da tenda de reunião. Tudo que tocar esta carne, ficará consagrado. Se o sangue respingar alguma veste, lavarás a mancha em lugar santo.*
>
> *A vasilha em que forem cozidas, será quebrada, se for de barro. Se for de bronze, será esfregada e lavada com água. Todo o indivíduo do sexo masculino entre os sacerdotes poderá comer desta carne. É coisa santíssima. Mas não se poderá comer nenhu-*

> *ma vítima expiatória da qual se levou o sangue à tenda de reunião para fazer expiação no santuário; será queimada no fogo.*

Fora do arraial. No sacrifício pelo pecado o animal tinha de morrer fora do arraial, que tipificava Jerusalém.

> *Possuímos um altar do qual não têm direito de comer os que ministram no tabernáculo. Pois, aqueles animais, cujo sangue é trazido para dentro do Santo dos Santos, pelo sumo sacerdote, como oblação pelo pecado, têm os seus corpos queimados fora do acampamento.*
>
> *Por isso foi que também Jesus, para santificar o povo, pelo seu próprio sangue, sofreu fora da porta. Saiamos, pois, a ele, fora do arraial, levando o seu vitupério (Hb 13.10-13).*

Devemos sair fora do arraial, fora do sistema religioso que nega o Senhor Jesus Cristo como expiação. Note-se que não havia santidade suficiente no acampamento. "Carregando ele mesmo em seu corpo, sobre o madeiro, os nossos pecados, para que nós, mortos aos pecados, vivamos para a justiça; por suas chagas fostes sarados" (I Pe 2.24). Esse sacrifício não é de cheiro suave.

A respeito da palavra "expiação", tantas vezes citada nos sacrifícios, escreveu Scofield:

> *A palavra hebraica "kaphar", geralmente traduzida por expiação, significa cobrir. Segundo o ensino bíblico, o sacrifício prescrito pela Lei "cobria" o pecado do ofertante e conseguia o perdão divino. Deus cobriu, ou "deixou de lado" (Rm 3.25) o pecado, na perspectiva do sacrifício de Cristo, porque "não era possível que o sangue de touros e de bodes tirasse pecados" (Hb 10.4).*

Sacrifícios por transgressão e culpa

Os textos acerca desse tipo de sacrifício estão em Levítico 5.1-7 e 7.1-7. Eles mostram a necessidade de confissão: "Aquele que se tornar culpado de um destes atos confessará o pecado que tiver cometido" (Lv 5.5).

O Novo Testamento ordena a confissão de pecados. "Confessai, pois, os vossos pecados uns aos outros, e orai uns pelos outros, para serdes curados. Muito pode, por sua eficácia, a súplica do justo" (Tg 5.16).

A confissão dos nossos pecados ao Pai garante o nosso perdão. "Se confessarmos os nossos pecados, ele é fiel e justo para nos perdoar os pecados e nos purificar de toda injustiça" (1 Jo 1.9).

A verdadeira confissão exige tristeza pelo pecado. Disse Davi: "Confesso a minha iniqüidade; suporto tristeza por causa do meu pecado" (Sl 38.18).

A confissão verdadeira exige humilhação. "Deitemo-nos em nossa vergonha, e cubra-nos a nossa ignomínia, porque temos pecado contra o Senhor nosso Deus, nós e nossos pais, desde a nossa mocidade até o dia de hoje; e não demos ouvido à voz do Senhor nosso Deus" (Jr 3.25).

A verdadeira confissão exige pedido de perdão. "Compadece-te de mim, ó Deus, segundo a tua benignidade; e, segundo a multidão das tuas misericórdias" (Sl 51.1).

A verdadeira confissão exige restituição. "Confessarão o pecado cometido: o culpado arcará com o dano, acrescentando um quinto e restituindo a quem prejudicou" (Nm 5.7).

Quando alguma pessoa pecar, e cometer ofensa contra o Senhor, e negar ao seu próximo o que este lhe deu em depósito, ou penhor ou roubo, ou tiver usado de extorsão para com o seu próximo; será, pois, que, tendo pecado e ficado culpada, restituirá aquilo que roubou, ou que extorquiu, ou o depósito que lhe foi dado, ou o perdido que achou, ou tudo aquilo sobre que jurou falsamente; e o restituirá por inteiro, e ainda a isso acrescentará a quinta parte; àquele a quem pertence, lho dará no dia da sua oferta pela culpa.

E por sua oferta pela culpa trará ao Senhor um carneiro sem defeito do rebanho, conforme a tua avaliação para oferta pela culpa; tra-lo-á ao sacerdote. E o sacerdote fará expiação por ela diante do Senhor, e será perdoada qualquer de todas as coisas que fez, tornando-se por isso culpada (Lv 6.2,4-7).

A restituição deve ser acrescida de 20%, ou a quinta parte (v. 5). Note-se, no versículo 6, que a fé está implícita (e por sua oferta... conforme a tua avaliação). No versículo 7 vemos então que Deus promete perdoar àquele que cumpre estes preceitos.

A verdadeira confissão exige aceitação da correção divina. "Depois de tudo o que nos tem sucedido por causa das nossas más obras, e da nossa grande culpa, e vendo ainda que tu, ó nosso Deus, nos tens castigado menos do que merecem as nossas iniqüidades, e ainda nos deixaste este restante que escapou" (Ed 9.13).

A verdadeira confissão exige o abandono do pecado. "O que encobre as suas transgressões jamais prosperará; mas o que as confessa e deixa, alcançará a misericórdia" (Pv 28.13).

O Dia da Expiação

Todo o sistema de ofertas, que revelava o caminho para Deus por meio de sacrifícios, alcançava o seu clímax no dia 10 do sétimo mês, quando o sumo sacerdote, sozinho, entrava no santuário e sacrificava um novilho como oferta pelo pecado e um carneiro como oferta queimada. Depois, tomava dois bodes e lançava sortes sobre eles, para saber qual deles deveria ser sacrificado como oferta pelo pecado. O outro, chamado de bode emissário, seria enviado ao deserto. A Bíblia afirma:

> *Disse o Senhor a Moisés: Dize a Arão, teu irmão, que não entre no Santíssimo Lugar a qualquer hora, além do véu, diante do propiciatório que está sobre a arca, para que não morra, porque eu apareço na nuvem sobre o propiciatório.*
>
> *Deste modo Arão entrará no santuário: com um novilho para oferta pelo pecado, e um carneiro para holocausto. Vestirá ele a sagrada túnica de linho, terá os calções de linho sobre o corpo, cingir-se-á com um cinto de linho, e se cobrirá com uma mitra de linho. Estas são vestes sagradas; por isso banhará o seu corpo na água, e então as vestirá.*
>
> *Da congregação dos filhos de Israel tomará dois bodes para oferta pelo pecado e um carneiro para holocausto. Arão trará o novilho da sua oferta pelo pecado, e fará expiação por si e pela sua casa. Também tomará ambos os bodes, e os porá perante o Senhor, à entrada da tenda da congregação. Arão lançará sortes sobre os dois bodes: uma pelo Senhor e a outra pelo bode emissário.*
>
> *Arão fará chegar o bode sobre o qual cair a sorte pelo Senhor, e o oferecerá como oferta pelo pecado. Mas o bode escolhido por sorte como o bode emissário será apresentado vivo diante do Senhor, para fazer com ele expiação a fim de ser enviado ao deserto como bode emissário (Lv 16.2-10).*

Acerca desse bode emissário, lemos mais adiante:

> *Terminada a purificação do Santíssimo Lugar, da tenda da congregação e do altar, Arão trará o bode vivo. Porá ambas*

as mãos sobre a cabeça do bode vivo, e sobre ele confessará todas as iniqüidades dos filhos de Israel, e todas as suas rebeldias, segundo todos os seus pecados, fazendo-os assim cair sobre a cabeça do bode.

E o enviará ao deserto pela mão de um homem designado para isso. O bode levará sobre si todas as iniqüidades deles para terra solitária; e o homem soltará o bode no deserto (Lv 16.20-22).

Depois de o sumo sacerdote sacrificar um novilho por si mesmo e por sua casa, um dos bodes era então sacrificado pelos pecados do povo, e seu sangue aspergido para purificação do altar e de todo o Tabernáculo. Pondo as mãos sobre o bode vivo, também conhecido como o bode emissário, o sumo sacerdote confessava todos os pecados de *toda* a nação, e, em seguida, enviava o animal ao deserto, como expiação por *todos* os pecados do povo.

Mackintosh, comentando o significado desse segundo bode, diz que temos aqui a segunda idéia ligada com a morte de Cristo, ou seja, o perdão completo e final do povo.

Se a morte de Cristo constitui o fundamento da glória de Deus, constitui também a base do perfeito perdão dos pecados dos que põem nela a sua confiança (C. H. Mackintosh, Estudos sobre o Livro de Levítico, Depósitos de Literatura Cristã. Lisboa, s/data, p. 228).

O primeiro bode, oferecido como oferta pelo pecado, se relaciona com a glória de Deus, ao passo que o segundo bode, que era enviado vivo ao deserto, se relaciona com a nossa salvação. Portanto, o bode emissário refere-se a uma aplicação secundária e inferior da expiação, embora alguns, erronemente, a considerem como o aspecto mais elevado da cruz. Pior ainda, há quem interprete o bode emissário como uma figura de Satanás!

A glória de Deus está, portanto, em primeiro lugar; e a nossa salvação em segundo. Do princípio ao fim de sua vida, Jesus buscou manter em primeiro lugar a glória de Deus. Ele disse: "Por isso o Pai me ama, porque dou a minha vida para tornar a tomá-la" (Jo 10.17). "Agora é glorificado o Filho do homem, e Deus é glorificado nele. Se Deus é glorificado nele, Deus glorificará o Filho em si mesmo, e o glorificará imediatamente" (Jo 13.31,32).

Isaías escreveu: "Ouvi-me, ilhas, e escutai vós, povos de longe: O Senhor me chamou desde o ventre, desde as entranhas da minha mãe fez menção do meu nome. Fez a minha boca como uma espada aguda, na sombra da sua mão me cobriu; pôs-me como uma flecha limpa, e me escondeu na sua aljava. Ele me disse: Tu és o meu servo, Israel, em quem manifestarei a minha glória" (Is 49.1-3).

> *A glória de Deus era, pois, o objetivo supremo do Senhor Jesus Cristo na vida e na morte. Viveu e morreu para glorificar o nome de seu Pai. A Igreja perde alguma coisa com isso? De modo nenhum! E Israel? Tampouco. Mas, e os gentios? Também não. Sua salvação e bem-aventurança não podiam estar melhor asseguradas do que sendo parte da glória de Deus. Escutai a resposta divina dada a Cristo, o verdadeiro Israel, na passagem sublime que acabamos de citar. "Pouco é que seja o meu servo para restaurares as tribos de Jacó, e tornares a trazer os guardados de Israel; também te dei para luz dos gentios, para seres a minha salvação até a extremidade da terra" (Is 49.6).*

"E não é preciso sabermos que Deus é glorificado pela abolição dos nossos pecados?", podemos perguntar. Onde estão os nossos pecados? Foram tirados. Como? Pelo sacrifício de Cristo na Cruz, pelo qual Deus foi glorificado para toda a eternidade. Assim é. Os dois bodes, do dia da expiação, dão-nos o duplo aspecto de um único ato. Em um deles, vemos como é mantida a glória de Deus; no outro, como são tirados os pecados. Um é tão perfeito quanto o outro. Pela morte de Cristo, somos inteiramente perdoados e Deus é perfeitamente glorificado.

Existe um só ponto no qual Deus não foi glorificado na Cruz? Nem um sequer. Tampouco há um só ponto no qual não estamos perfeitamente perdoados. Digo nós, porque ainda que a congregação de Israel seja o objetivo primeiro visado na admirável ordenação do bode expiatório, todavia pode-se dizer sem reserva que toda a alma que crê no Senhor Jesus Cristo está tão perfeitamente perdoada como Deus é perfeitamente glorificado pelo sacrifício da Cruz.

Quantos pecados de Israel levava o bode expiatório? Todos. Palavra preciosa! Não ficava nenhum! E para onde os levava ele? A uma terra solitária, uma terra onde nunca poderiam ser encontrados, porque não havia ninguém para os procurar. Seria possível ser um sacrifício mais perfeito? Seria possível obter um quadro mais real do sacrifício consumado por Cristo sob o seu aspecto primário e secundário? (C. H. Mackintosh, Ob. cit., pp. 229-230).

7

O CRISTÃO NO PÁTIO

A fé

A virtude da fé está representada pelo primeiro véu. "Agora, pois, permanecem a fé..." (I Co 13.13). O pecador apossa-se da primeira das três maiores virtudes do cristianismo ao adentrar o átrio do Tabernáculo, representativo da inefável graça de Deus, juntamente com todas as demais divisões.

O apóstolo Paulo registra que esse acesso é pela fé: "Justificados, pois, pela fé, temos paz com Deus por nosso Senhor Jesus Cristo. Por ele, em virtude da fé, obtivemos o acesso a esta graça em que nos mantemos, e nos gloriamos na esperança da glória de Deus" (Rm 5.1,2 - Frei Mateus Hoespers).

Na Tradução Brasileira esta expressão é ainda mais clara: "Por quem igualmente temos obtido nossa entrada pela fé a esta graça..."

Que é a fé? A fé está definida uma só vez na Bíblia: "Ora a fé é o firme fundamento das coisas que se esperam, e a prova das coisas que se não vêem" (Hb 11.1). Acerca desta definição de fé, minha esposa e eu temos vivido algumas edificantes experiências, das quais trago esta aos leitores:

No início dos anos setenta, depois de uma crise financeira em nosso escritório de prestação de serviços e de uma campanha eleitoral na qual não me elegi, aceitei a oferta de um modesto emprego no diário de um amigo meu. Comecei como repórter e com um salário insuficiente para o orçamento doméstico.

Era possivelmente outubro, e como se aproximava o fim do ano, minha esposa orou pedindo que, a partir de janeiro do ano seguinte, meu salário fosse o dobro. E ela queria a resposta ainda naquele ano! Eu não tinha nenhuma promessa de aumento, mesmo porque, como repórter, meu salário estava dentro da média. Entretanto, tive de assumir, dias depois, a chefia da redação do jornal numa fase de trabalho intenso, com o preparo das edições especiais de Natal e Ano Novo.

Para o dia 28 de dezembro, em que comemorávamos nosso aniversário de casamento, havíamos convidado irmãos na fé e amigos para um culto de agradecimento a Deus, também pelo aumento de salário. E ao aproximar-se aquele dia, cada vez que regressava do trabalho minha esposa me esperava com a pergunta: "E o aumento?" Minha resposta era: "Por enquanto nada".

E assim foi até o dia 28, quando diante de irmãos na fé, parentes e amigos, pela fé agradecemos a Deus o dobro do salário.

Depois vieram 29 e 30 de dezembro. E nada. Lembro-me que no último dia do ano, ao chegar em casa, por volta das seis da tarde, cansadíssimo e com a mesma lacônica resposta, minha esposa disse: "O meu Deus não falha!"

Cerca das 8 da noite meu patrão buzinou o carro defronte de casa. Ele me convidava para conversar em seu escritório.

Lá, ele propôs pagar-me, a partir de janeiro do novo ano, um salário maior que o dobro!

Era quase meia-noite quando regressei com a boa notícia de que Deus havia respondido à oração e de uma maneira ainda mais abundante, como afirma Ef 3.20: "Ora, àquele que é poderoso para fazer infinitamente mais do que tudo quanto pedimos, ou pensamos, conforme o seu poder que opera em nós".

Para minha esposa a notícia não era nenhuma surpresa. E antes que agradecêssemos a Deus — agora de posse da bênção — minha esposa repetiu: "O meu Deus não falha". E não falha mesmo!

A definição de fé em Hebreus 11.1 se completa no versículo 6: "Ora, sem fé é impossível agradar-lhe; porque é necessário que aquele que se aproxima de Deus creia que ele existe, e que é galardoador dos que o buscam".

Por essa fé em Deus "entendemos que os mundos pela palavra de Deus foram criados" (v. 3), e que esse mesmo Deus preparou uma gloriosa salvação realizada na pessoa bendita de Jesus Cristo. Como o objetivo da fé, o Filho de Deus é a cabeça de todos os crentes, em ambos os testamentos.

O teólogo P. H. Menoud baseia nos quatro Evangelhos esta brilhante definição de fé:

> *Conforme o depoimento dos três primeiros Evangelhos, crer consiste em aceitar como verdadeiro o Evangelho anunciado por Cristo e reconhecer em Jesus o Salvador messiânico, o qual, assistido da divina onipotência, age tendo em vista a salvação dos homens.*
>
> *A fé é confiança em Jesus Cristo e na veracidade de sua mensagem, adesão de todo o ser à pessoa e à mensagem de Cristo*

porquanto elas têm vindo de Deus. Crer é admitir que a pregação e os milagres de Jesus revelam nele o Libertador esperado (Mt 11.4-6); é confessá-lo como o Cristo (Mc 1.15).

João redigiu seu Evangelho para que creiamos que Jesus é o Cristo, o Filho de Deus, e para que, crendo, tenhamos vida em seu nome (Jo 20.31). Crer é admitir que Jesus é, não o filho de José de Nazaré (1.45; 6.42), mas o Filho enviado pelo Pai ao mundo, para ao mundo dar vida.

O pensamento do quarto Evangelho é essencialmente o mesmo, embora, João, melhor que os três sinóticos, saliente ser Jesus o revelador saído do Pai (8.23) para manifestar-nos o Pai (1.18); ser o caminho único que leva ao Pai (14.6); a ressurreição e a vida (11.25); o doador da vida eterna, o profeta da ressurreição do último dia (6.40), tudo para os que crêem nele como seu único Salvador (6.68) e perseveram unidos a Ele (8.30,31, etc.)...

Em suma, crer, conforme ensina o Novo Testamento, é admitir como verdadeiras as declarações de Jesus acerca de si mesmo, e o testamento apostólico, o qual, depois da morte e da ressurreição de Jesus, proclama ser Ele o Senhor e o Cristo.

A fé cristã autêntica compromete o homem inteiro, atando-o àquele que é doravante o seu Senhor e do qual recebe uma nova vida. Portanto, em todo o tempo e lugar, a fé comporta, simultaneamente, uma confissão de boa vontade e uma vida renovada na obediência a Cristo, crido e confessado (Vocabulário Bíblico, ASTE, São Paulo, p.113).

A páscoa

A primeira celebração. Ao transpor o primeiro véu, o crente entra na sua primeira dimensão espiritual e celebra a Páscoa. Quando Deus diz, em Êxodo 23.14: "Três vezes no ano me celebrareis festa" (Almeida), está se referindo às três grandes celebrações: da Páscoa, do Pentecoste e dos Tabernáculos. A primeira delas, que aponta para o Cordeiro de Deus na cruz, corresponde ao novo nascimento. Em Cristo somos novas criaturas, compradas por seu precioso sangue.

É da cruz que fala o grande altar do holocausto. Medindo cinco côvados de cada lado e três de altura, aproximadamente 2,50 x 2,50m x 1,50m, era feito de madeira de cetim revestida de bronze. Era oco e côncavo por dentro, para permitir a ventilação, e possuía uma grelha, quatro argolas para os varais de transporte, uma ponta (ou chifre) em cada canto, e diversas outras peças, como caldeira para recolher as cinzas, tenazes, garfos, braseiro e varais.

Cristo, nossa Páscoa. O altar de bronze, onde diversos tipos de animais eram cotidianamente imolados, apontava para a cruz do Calvário. A Bíblia afirma: "Porque Cristo, nossa páscoa, foi sacrificado por nós" (I Co 5.7). Cada cordeiro morto apontava para Jesus, o verdadeiro "Cordeiro de Deus, que tira o pecado do mundo".

Na cruz cumpriu-se esta profecia messiânica: "Atai a vítima da festa com cordas, e levai-a até os ângulos do altar" (Sl 118.27). As ofertas atadas com cordas e levadas aos ângulos do altar significavam os sacrifícios mais espirituais de adoração a Deus (Sl 50.14,23).

O Filho de Deus, ao entregar-se à morte de Cruz, atado pelos cravos, rendeu a Deus o mais perfeito louvor, em cumprimento à palavra do Pai proferida dias antes, por ocasião da visita dos gregos: "Agora minha alma sente-se conturbada. E o que direi? Pai, livra-me desta hora? Não, para isto vim a esta hora. Pai, glorifica o teu nome. Veio então uma voz do céu: Glorifiquei-o, e de novo o glorificarei" (Jo 12.27,28).

A expressão "de novo o glorificarei" é um voto de confiança dado do Filho pelo Pai. De fato, o Pai foi novamente glorificado pelo Filho, quando este triunfou no Calvário.

O poder do sangue. O altar do holocausto, que aponta para a cruz onde Jesus morreu, possuía um chifre em cada canto. Esses chifres foram aspergidos com sangue: "O sacerdote molhará o dedo no sangue da vítima e untará as pontas do altar dos holocaustos. Derramará o resto do sangue ao pé do altar". "Depois de imolá-lo, Moisés pegou o sangue e untou com o dedo as pontas em volta do altar, purificando. Derramou o sangue ao pé do altar, e o consagrou, fazendo sobre ele a expiação" (Lv 4.30; 8.15).

Estes textos nos dizem que o sangue de Jesus fez expiação por todos, e que esse sangue é poderoso. Chifres, ou pontas, na Bíblia, indicam sempre autoridade e poder. Já vimos no capítulo anterior, que todos os sacrifícios apontavam para o Senhor Jesus. "E andai em amor, como também Cristo vos amou, e se entregou a si mesmo por nós, como oferta e sacrifício a Deus em aroma suave" (Ef 5.2).

Os textos já considerados do livro de Levítico mostram que o sacrifício de Jesus agradou ao Pai. E a Bíblia diz, no capítulo 53 de Isaías, que ao Senhor agradou moer seu próprio Filho por amor de nós. Assim como Moisés derramou o sangue da vítima à base do altar (Lv 4.30), Jesus derramou a sua alma no Calvário: "Por isso eu lhe darei muitos como a sua parte e com os poderosos repartirá ele o despojo, porquanto derramou a sua alma na morte; foi contado com os transgressores, contudo levou sobre si o pecado de muitos, e pelos transgressores intercedeu" (Is 53.12).

Remoção das cinzas. As cinzas eram removidas para um lugar limpo: "Depois despirá as suas vestes, e porá outras; e levará a cinza para fora do arraial a um lugar limpo" (Lv 6.11 - ARA). Esse lugar limpo fala do sepulcro novo, e da aceitação por Jesus do seu sacrifício: "O Senhor te responda no dia da tribulação; o nome do Deus de Jacó te eleve em segurança. Lembre-se de todas as tuas ofertas de manjares, e aceite (reduza a cinzas) os teus holocaustos" (Sl 20.1,3).

Conhecimento limitado

Conhece Jesus como o Salvador. No Pátio, o crente conhece Jesus como seu Salvador. "E toda língua confesse que Jesus Cristo é o Senhor para glória de Deus Pai" (Fp 2.11). O leitor deve notar que a palavra "Jesus", citada primeiro nesse texto, significa Salvador, conforme Mateus 1.21: "Ela dará à luz um filho e lhe porás o nome de Jesus, porque ele salvará o seu povo dos pecados deles".

Conhece Jesus como o Bom Pastor. No Pátio, o crente conhece Jesus como o Bom Pastor. "Eu sou o bom pastor; o bom pastor dá a vida pelas ovelhas" (Jo 10.11).

Está em Cristo. No Pátio o crente está em Cristo, o que significa a sua justificação pela fé. "E assim, se alguém está em Cristo, é nova criatura: as cousas antigas já passaram; eis que se fizeram novas." "Justificados, pois, mediante a fé, temos paz com Deus, por meio de nosso Senhor Jesus Cristo" (2 Co 5.17; Rm 5.1).

Conhece o Pai sobre todos. No Pátio, o crente conhece o Pai sobre todos: "Um só Deus e Pai de todos, o qual é sobre todos, age por meio de todos e está em todos" (Ef 4.6).

O Pai é a grande fonte de unidade da Igreja. Há, nos versículos 4 a 6 do capítulo 4 de Efésios, sete fundamentos da unidade cristã, que começa com o Corpo de Cristo — a igreja — passando pelo Espírito Santo, pela esperança, pelo Senhor Jesus, pela fé, pelo batismo, culminando no Pai, que embora seja o Pai de todos os crentes, por sua soberania e graça, relaciona-se de maneira diferente com seus filhos, de conformidade com o crescimento espiritual de cada um.

Assim, na sua primeira dimensão espiritual, o crente ainda não conhece plenamente a Deus (I Co 15.34), devendo, portanto, prosseguir nesse conhecimento, conforme conclama o profeta: "Conheças, e prossigamos em conhecer ao Senhor" (Os 6.3).

É criança

A criança é fraca. Na primeira fase do seu crescimento, o crente é ainda uma criança na fé. A esses meninos em Cristo escreve o apóstolo João: "Filhinhos, eu vos escrevo, porque os vossos pecados são perdoados, por causa do seu nome" (I Jo 2.12).

A criança está sempre pecando. No seu estado de infantilidade espiritual, o crente é ainda carnal e por isso gera contendas:

> *Eu, porém, irmãos, não vos pude falar como a espirituais; e, sim, como a carnais, com a crianças em Cristo. Leite vos dei a beber, não vos dei alimento sólido; porque ainda não podeis suportá-lo. Nem ainda agora podeis, porque ainda sois carnais. Porquanto, havendo entre vós ciúmes e contendas, não é assim que sois carnais e andais segundo o homem? Quando, pois, alguém diz: Eu sou de Paulo; e outro: Eu de Apolo; não é evidente que andais segundo os homens? (1 Co 3.1-4).*

A criança é instável. O crente na sua primeira dimensão espiritual está sujeito a ser enganado. A esse respeito afirma a Bíblia:

> *Para que não mais sejamos como meninos, agitados de um lado para outro, e levados ao redor por todo vento de doutrina, pela artimanha dos homens, pela astúcia com que induzem ao erro" (Ef 4.14).*

Não são poucos os cristãos que se deixam enganar por russelitas, sabatistas, mórmons, monitas, etc... Esses religiosos atuam especialmente entre os evangélicos. Aplicam grandes fortunas na produção e distribuição de literatura, nas quais textos isolados da Bíblia são comentados de maneira a atrair os incautos para supostas verdades da Palavra de Deus.

Há nessas seitas toda uma gama de erros doutrinários, como a validade atual da lei mosaica, a morte da alma, a negação da Trindade, o batismo pelos mortos, a poligamia e inúmeros outros. Urge, pois, que as "crianças" na fé acolham a admoestação do apóstolo: "Deixando pois toda a malícia, e todo o engano, e fingimentos, e invejas e murmurações, desejai afetuosamente, como meninos novamente nascidos, o leite racional, não falsificado, para que por ele vades crescendo" (I Pe 2.1,2).

A criança não tem experiência. Como criança, o crente nunca sai dos rudimentos da fé: não tem experiência.

> *Pois, com efeito, quando devíeis ser mestres, atendendo ao tempo decorrido, tendes novamente necessidade de alguém que vos ensine de novo quais são os princípios elementares dos oráculos de Deus; assim vos tornastes como necessitados de leite, não de alimento sólido. Ora, todo aquele que se alimenta de leite, é inexperiente na palavra da justiça, porque é criança (Hb 5.12,13).*

No final deste capítulo, verá o leitor que a experiência é imprescindível no desenvolvimento espiritual. Não basta o conhecimento acerca de Deus, de Jesus Cristo e do Espírito Santo, pois nossa necessidade maior é a de conhecermos a Trindade por experiência própria e viver abundantemente a vida cristã, como uma vida para ser vivida aqui na terra e a única vida para a qual vale a pena viver.

Alguém disse que o conhecimento da teologia cristã sem a experiência, ou o caráter cristão, equivale a um curso sobre o relacionamento conjugal sem matrimônio.

A Bíblia fala do valor da experiência com estas palavras: "Para que a prova da vossa fé, muito mais preciosa do que o ouro que perece e é provado pelo fogo, se ache em louvor, e honra, e glória, na revelação de Jesus Cristo" (I Pe 1.7).

A criança não sabe discernir. No Pátio, como meninos em Cristo, os crentes não sabem discernir. Diz a Bíblia:

> *Mas o alimento sólido é para os adultos, para aqueles que, pela prática, têm as suas faculdades exercitadas para discernir não somente o bem, mas também o mal (Hb 5.14).*

Se mostrarmos a uma criança, numa mão um tablete de chocolate e na outra uma cédula do mais alto valor, e lhe dissermos que apanhe para si uma das duas coisas, ela certamente escolherá o chocolate, por não saber discernir.

São muitos, infelizmente, os que apenas buscam bênçãos temporais e até fazem da sua igreja um mercado de trabalho ou campo de rendosos negócios. Há os que dizimam, não por amor ao reino de Deus, mas porque há promessas de recompensas materiais para os dizimistas. Os tais nada vêem senão "tabletes de chocolates", esquecidos ou ignorantes de que o

Pai deseja abençoá-los segundo "as abundantes riquezas da sua graça, pela sua benignidade para conosco em Cristo Jesus" (Ef 1.3; 2.7).

A criança se embaraça com as coisas desta vida. No Pátio, o crente está sempre embaraçado com as coisas desta vida:

> *Portanto, também nós, visto que temos a rodear-nos tão grande nuvem de testemunhas, desembaracemo-nos de todo peso, e do pecado que tenazmente nos assedia; corramos com perseverança a carreira que nos está proposta (Hb 12.1).*

Quantos, em vez de prosseguirem em sua carreira cristã, estão embaraçados com literatura pornográfica, com programas de televisão pouco recomendáveis, com o mau uso do rádio, ou fanaticamente preocupados com a sua equipe esportiva!

O Espírito Santo

A Bíblia Sagrada é muito clara acerca da obra do Espírito Santo aqui no mundo, especialmente nesta presente dispensação, a da graça. O que anotamos aqui, nesta primeira fase do nosso avanço em direção ao Santo dos Santos, são algumas das realizações da bendita Terceira Pessoa da Trindade em nossa vida, quando ainda no pátio.

Começamos pelo Espírito Santo. Quando Jesus diz que não fomos nós quem o escolhemos, mas ele a nós, está firmando que nossa salvação é um dom de Deus, e que o homem, degenerado no corpo, no intelecto e no espírito, depende inteiramente da graça divina. Davi, mil anos antes de Cristo, percebeu, por inspiração divina, esta verdade: "Foi ele que nos fez e dele somos" (Sl 100.3).

O Espírito Santo chama e convence. A Bíblia afirma que é o Espírito Santo que convida o pecador a vir a Cristo: "Vem..." (Ap 22.17), e que o convence do pecado:

> *Quando ele (o Espírito Santo) vier convencerá o mundo do pecado, da justiça e do juízo: do pecado, porque não crêem em mim; da justiça, porque vou para o Pai, e não me vereis mais; do juízo, porque o príncipe deste mundo já está julgado (Jo 16.8-11).*

Em relação ao mundo, o Espírito Santo convence do Cristo crucificado (do pecado contra Cristo), do Cristo glorificado (da justiça de Cristo), e do Cristo que virá outra vez (do juízo por meio de Cristo).

Ele produz fé. É o Espírito Santo que produz fé no coração do pecador pela vivificação da Palavra de Deus: "As palavras que eu vos tenho dito são espírito e vida" (Jo 6.63). A mensagem da Bíblia, pela ação do Espírito Santo, torna-se uma mensagem de fé: "A palavra está perto de ti, na tua boca e no teu coração; isto é: a palavra da fé que pregamos" (Rm 10.8).

O apóstolo Paulo, ao tratar da nossa justificação diante de Deus, afirma que essa obra não depende de méritos humanos: "Pela graça sois salvos, mediante a fé; e isso não vem de vós, é dom de Deus" (Ef 2.8).

Ele nos lava. É o Espírito Santo que, como um agente, nos lava pela aplicação do precioso sangue de Jesus: "Segundo sua misericórdia, ele nos salvou mediante o lavar regenerador e renovador do Espírito Santo" (Tt 3.5). "Mas vós vos lavastes, mas fostes santificados, mas fostes justificados, em o nome do Senhor Jesus Cristo e no Espírito de nosso Deus" (I Co 6.11).

Quando permitimos ao Espírito Santo aplicar em nossa vida o sangue de Jesus, estes são alguns dos resultados:

1) Nos regenera. "Muito mais o sangue de Cristo que, pelo Espírito Eterno, a si mesmo se ofereceu sem mácula a Deus, justificará a nossa consciência de obras mortas para servirmos ao Deus vivo!" (Hb 9.14) "Se, porém, andarmos na luz, como ele está na luz, mantemos comunhão uns com os outros, e o sangue de Jesus, seu Filho, nos purifica de todo o pecado" (I Jo 1.7).
2) Nos santifica: "Em santificação do Espírito, para a obediência e a aspersão do sangue de Jesus Cristo" (I Pe 1.2). Para nos santificar, agem unidos o Espírito Santo, o sangue de Jesus e a Palavra de Deus. Veja também João 17.17.
3) Nos justifica. "Sendo justificados pelo seu sangue, seremos por ele salvos da ira" (Rm 5.9).

A obra do Espírito Santo em nós. Cada cristão verdadeiro, como templo do Deus vivo, possui o Espírito Santo nele. Jesus disse:

> *E eu rogarei ao Pai, e ele vos dará outro Consolador, a fim de que esteja para sempre convosco; o Espírito da verdade, que o mundo não pode receber, porque não o vê, nem o conhece; vós o conheceis, porque habita convosco e estará em vós (Jo 14.16,17).*

É esta uma gloriosa realidade. Começamos nossa carreira cristã tendo em nós a pessoa bendita do Espírito Santo. "Sois assim insensatos que, tendo começado no Espírito..." (Gl 3.3). No pátio do Tabernáculo o cristão tem ainda uma longa jornada pela frente, mas nele está o Consolador divino ansioso por fazer que o filho de Deus em Cristo Jesus jamais esmoreça. Veja, a seguir, querido leitor, algumas das atribuições do Espírito Santo:

No pátio, o cristão possui o Espírito Santo

a. Produz vivificação: "E estando nós mortos em nossos delitos, nos deu vida juntamente com Cristo" (Ef 2.5).

b. Guia: "Guie-me o teu bom Espírito por terreno plano (Sl 143.10). "Pois todos os que são guiados pelo Espírito de Deus são filhos de Deus" (Rm 8.14). Sente o leitor, no mais profundo do seu íntimo, o toque guiador do Espírito Santo?

c. Sustenta: "Nem me retire o teu Santo Espírito... E sustenta-me" (Sl 51.11,12)

d. Prevalece: "Não por força nem por poder, mas pelo meu Espírito, diz o Senhor dos Exércitos" (Zc 4.6).

e. Dá liberdade: "Onde está o Espírito do Senhor, aí há liberdade" (2 Co 3.17).

f. Mortifica o pecado: "Porque, se viverdes segundo a carne, caminhais para a morte; mas se pelo Espírito mortificardes os feitos do corpo, certamente vivereis" (Rm 8.13).

g. Ajuda a obedecer: "Eleitos... em santificação do Espírito, para a obediência e a aspersão do sangue de Jesus Cristo... tendo purificado as vossas almas, pela vossa obediência à verdade" (1 Pe 1.2,22).

h. Ajuda a conservar a graça de Deus: "Guarda o bom depósito, mediante o Espírito Santo que habita em vós" (2 Tm 1.14).

i. Testifica com o nosso espírito: "O próprio Espírito testifica com o nosso espírito que somos filhos de

Deus" (Rm 8.16). "E nisto conhecemos que ele permanece em nós, pelo Espírito que nos deu" (I Jo 3.24).

j. Dá poder: "Mas recebereis poder, ao descer sobre vós os Espírito Santo" (At 1.8).

k. Dá dons espirituais: "Ora, os dons são diversos, mas o Espírito é o mesmo" (I Co 12.4).

l. Dá gozo: "Porque o reino de Deus não é comida nem bebida, mas justiça, e paz, e alegria no Espírito Santo" (Rm 14.17).

m. Ensina: "Mas o Consolador, o Espírito Santo, a quem o Pai enviará em meu nome, esse vos ensinará todas as coisas e vos fará lembrar de tudo o que vos tenho dito" (Jo 14.26).

n. Dá acesso ao Pai: "Porque, por ele, ambos temos acesso ao Pai em um Espírito" (Ef 2.18).

o. Intercede por nós: "Também o Espírito, semelhantemente, nos assiste em nossa fraqueza; porque não sabemos orar como convém, mas o mesmo Espírito intercede por nós sobremaneira com gemidos inexprimíveis" (Rm 8.26).

p. Fortalece o nosso espírito: "Para que, segundo a riqueza da sua glória, vos conceda que sejais fortalecidos com poder, mediante o seu Espírito no homem interior" (Ef 3.16).

Como o leitor percebeu por esse sumário das obras do Espírito Santo em nós, quando ainda nos movemos na dimensão da virtude da fé, incluí nesse estágio o batismo com o

Espírito Santo e os dons espirituais. É que estas bênçãos, embora preciosíssimas, não são um fim em si mesmas e não provam que seus possuidores tenham alcançado já o desejável amadurecimento cristão.

Muitos, pelo fato de haverem recebido alguns dos dons espirituais, julgam-se superiores aos outros e até mesmo ao ministério de sua igreja. Comportando-se como meninos inconstantes, abandonam sua congregação, elevam-se a si mesmos a altas dignidades eclesiásticas, como bispos, missionários, apóstolos, profetas, etc., quase sempre trazendo escândalos para a obra de Deus.

A maturidade cristã está caracterizada muito mais pelo fruto do Espírito do que pela posse e exercício dos dons espirituais. Esse fruto do Espírito é: "amor, alegria, paz, longanimidade, benignidade, bondade, fidelidade, mansidão, domínio próprio" (Gl 5.22,23 - ARA).

A luz natural

No Pátio, embora o crente tenha a luz da Palavra de Deus (Sl 119.105), ele corre o risco de se deixar guiar pela luz natural da razão humana. Ele tem a bacia de bronze com suas águas purificadoras, mas está iluminado pelo sol, pela lua e pelas estrelas.

Quando a Palavra de Deus não ocupa o seu devido lugar na igreja, grandes projetos de expansão do reino de Deus podem redundar em completo fracasso, com muita canseira e enfado. Os nossos pensamentos não são os pensamentos de Deus, e nem os nossos caminhos os seus caminhos (Is 55.8).

O mandamento de Deus para não nos esquecermos da sua Palavra (Pv 3.1-3), mostra que o conteúdo dela é para todos. A Bíblia não é um livro encoberto e cheio de mistérios, mas a revelação da vontade divina. Por tal motivo o lavatório de bronze estava constantemente descoberto.

Dá fruto

No Pátio, o crente é um ramo que dá fruto: "Todo ramo que, estando em mim, não der fruto, ele o corta, e limpa todo aquele que der fruto" (Jo 15.2). Dar fruto significa uma produção de 30 por um, conforme as palavras de Jesus: "Outras, enfim, caíram em boa terra, e deram fruto que vingou e cresceu, produzindo a trinta... por um" (Mc 4.8).

A Bíblia afirma que os justos, plantados na casa do Senhor, "florescerão nos átrios do nosso Deus. Na velhice darão ainda frutos, serão cheios de seiva e verdor, para anunciar que o Senhor é reto. Ele é a minha rocha, e nele não há injustiça" (Sl 92.13-15).

O valor da santificação

Para prosseguir na sua caminhada cristã, o crente precisa lavar-se no lavatório. "Fez a bacia e o suporte de bronze, com os espelhos das mulheres que estavam de serviço à entrada da tenda de reunião" (Êx 38.8). Aquela bacia, feita dos espelhos das mulheres piedosas que velavam à porta do Tabernáculo, significa a Palavra de Deus. Os espelhos naquela época eram de metal polido. Jesus, falando da sua Palavra, disse: "Vós já estais limpos pela palavra que vos tenho falado" (Jo 15.3).

Lavar-se é renunciar. Com aquele gesto de doar os seus objetos de toalete, as mulheres estavam renunciando o mundo e a vaidade mundana. A Bíblia diz:

> *Não ameis o mundo nem as coisas que há no mundo. Se alguém amar o mundo, o amor do Pai não está nele; porque tudo que*

há no mundo, a concupiscência da carne, a concupiscência dos olhos e a soberba da vida, não procede do Pai, mas procede do mundo. Ora, o mundo passa, bem como a sua concupiscência; aquele, porém, que faz a vontade de Deus permanece eternamente (1 Jo 2.15-17).

Aquelas mulheres sacrificavam a sua beleza artificial, exterior, em busca da beleza interior. Há, no Novo Testamento, dois fatos interessantes relacionados com mulheres piedosas: O primeiro deles relaciona-se com aquela que derramou sobre Jesus um vaso de precioso ungüento, provocando murmurações de alguns e a revolta de Judas Iscariotes. Jesus, porém, respondeu:

Em verdade vos digo: Onde for pregado em todo o mundo o evangelho, será também contado o que ela fez, para memória sua (Mc 14.9).

O outro fato diz respeito a Ana, filha de Fanuel, "que era viúva de oitenta e quatro anos. Esta não deixava o templo, mas adorava noite e dia em jejuns e orações" (Lc 2.37).

Maior limpeza, mais fruto. Jesus disse que a vara que dá fruto precisa de limpeza, para dar mais fruto. O salmista, quando buscava uma resposta de Deus para a juventude, perguntou: "De que maneira poderá o jovem guardar puro o seu caminho? Observando segundo a tua Palavra" (Sl 119.9).

A importância da pia de bronze. É impossível prosseguir a caminho do Santo dos Santos sem passar pela água, sem passar pela pia de bronze:

O Senhor falou a Moisés, dizendo: Farás uma bacia de bronze; com suporte de bronze, para as abluções. Colocarás a bacia entre a tenda de reunião e o altar, e a encherás de água. Com ela Arão e os filhos lavarão as mãos e os pés. Ao entrarem na tenda de reunião eles deverão se lavar com esta água para não morrerem.

Igualmente, ao aproximarem do altar para as funções, e ao queimarem um sacrifício pelo fogo ao Senhor, deverão lavar mãos e pés para não morrerem. Este será um decreto perpétuo para Arão e sua descendência, por todas as gerações (Êx 30.17-21).

No Pátio, o cristão é um ramo que dá bons frutos

A bacia de bronze com água falava de santificação: "Segui a paz com todos, e a santificação, sem a qual ninguém verá o Senhor" (Hb 12.14).

A santificação é aqui na terra. O fato de a bacia estar na terra significa que a santificação deve ser buscada aqui na Terra: "Pelo contrário, segundo é santo aquele que vos chamou, tornai-vos santos também vós mesmos em todo vosso procedimento" (I Pe 1.15).

Quando Jesus falou aos seus discípulos sobre a necessidade de serem lavados, Ele mencionou que Judas Iscariotes não passara pela pia de bronze, isto é, não se lavara na água do "lavatório". Declarou-lhes Jesus: Quem já se banhou não necessita de lavar senão os pés; quanto ao mais está todo limpo. Ora, vós estais limpos, mas não todos" (Jo 13.10).

Há três palavras gregas em João 13.9,10, que merecem destaque. São elas: "louo", que significa banho completo ("se banhou"); "nipto", que significa lavar parte do corpo ("não necessita de lavar senão os pés"), e, finalmente, "katharos" ("limpos"), significando isento de mancha. O cristão nascido de novo está purificado do pecado.

A palavra julga. A água reflete a face.

> *Tornai-vos, pois, praticantes da palavra, e não somente ouvintes, enganando-vos a vós mesmos. Porque, se alguém é ouvinte da palavra e não praticante, assemelha-se ao homem que contempla num espelho o seu rosto natural; pois a si mesmo se contempla e se retira, e para logo se esquece de como era a sua aparência (Tg 1.22-24).*

> *Então aspergirei água pura sobre vós, e ficareis purificados; de todas as vossas imundícias e de todos os vossos ídolos vos purificarei (Ez 36.25).*

Israel, em sua caminhada para Canaã, foi reprovado em Cades e pereceu no deserto. A palavra "Cades" pode ser traduzida por "santidade" ou "consagrado". O antigo nome de Cades era En-Mispate (Gn 14.7), que significa "fonte de julgamento". Esta expressão aponta para as palavras de Jesus em João 12.48:

> *Quem me rejeita e não recebe as minhas palavras tem quem o julgue; a própria palavra que tenho proferido, essa o julgará no último dia.*

Como castigo por não haver sido aprovado em Cades, Israel passou 40 anos no deserto. Para cada dia que os espias estiveram em Canaã, eles, os israelitas, tiveram de passar um ano no deserto. "Ao cabo de 40 dias, voltaram de espiar a terra." "Vossos filhos serão pastores neste deserto quarenta anos, e levarão sobre si as vossas infidelidades, até que os vossos cadáveres se consumam neste deserto" (Nm 13.25; 14.33).

Os degraus intermediários

O apóstolo Paulo, quando trata das três maiores virtudes da fé cristã, interpõe entre a primeira (fé) e a segunda (esperança) os degraus da tribulação, ou sofrimento, da perseverança, ou paciência, e da experiência, ou prova, ou caráter, conforme Romanos 5.1-5.

A tribulação, ou sofrimento. O próprio processo divino de limpeza dos ramos que dão fruto — para que dêem mais fruto — (Jo 15.1-3) não pode ser executado sem sofrimento. Jesus preveniu os discípulos de que no mundo teriam aflições, e Paulo escreveu a Timóteo: "Sofre, pois, comigo as aflições, como bom soldado de Jesus Cristo" (2 Tm 2.3).

Paulo podia dizer assim, pois ele mesmo havia sofrido a perda de todas as coisas (Fp 3.8), sofria trabalhos, sofria por amor, pois o amor é sofredor (1 Co 13.4 - ARC; 2Tm 2.9,10).

Alguém disse que a aflição é o arado com que Deus revolve e lavra as profundidades da alma, para que se produza uma colheita mais abundante. Para Sêneca, o ouro é testado pelo fogo, e os bravos pela aflição.

O sofrimento de Adoniram Judson na prisão de Burma deixou uma demonstração de fortaleza que influenciou centenas de pessoas a seguirem o seu corajoso exemplo e a se comprometerem com a obra missionária. Maria Slessor deu a sua vida em sacrifício na obscura África.

Se João Bunyan não tivesse estado na prisão de Bedford, nós não teríamos hoje *O Peregrino.*

O seguinte pensamento dá uma boa idéia da maneira como Deus, na sua infinita bondade e sabedoria, provê sempre o melhor para os seus filhos:

> *Pediu forças para poder triunfar; foi feito débil para que pudesse obedecer.*
>
> *Pediu saúde para poder fazer grandes coisas; foi-lhe dado enfermidade para que pudesse fazer melhores coisas.*
>
> *Pediu riquezas para poder ser feliz; foi-lhe dado pobreza para que pudesse ser sábio.*
>
> *Pediu poder para ter louvores dos homens; foi-lhe dado fraqueza para que pudesse sentir a necessidade de Deus.*
>
> *Pediu todas as coisas para poder desfrutar da vida; foi-lhe dado vida para poder desfrutar de todas as coisas.*

Afirmou um poeta grego que os homens bons choram facilmente, e, quanto melhores, tanto mais inclinados a chorar, sobretudo na aflição.

Estas perguntas são importantes: Como Deus enxugará minhas lágrimas no céu se eu não derramei nenhuma na terra? Como ceifarei com júbilo se não semeio com lágrimas? Por que deverei viver sem lágrimas neste vale de lágrimas, se eu nasci com elas e morrerei com elas?

A triste condição moral e espiritual deste mundo tornam solenes estas palavras de um dedicado homem de Deus: "Perdoa-nos, Senhor, por contemplarmos o mundo com os olhos enxutos".

Por que permite Deus que seus filhos sofram?

- Não é pelo simples prazer de ver o mármore voar em pedaços que o escultor o talha, mas é, antes, para que, sob o seu cinzel, nasçam formas cheias de beleza e de nobres e puras linhas, semelhança perfeita do modelo que ele procura reproduzir.

- O moleiro, ao lançar as espigas para debaixo da mó, não tem como único propósito esmagar brutalmente os grãos, mas produzir a farinha que alimenta.

- O ferreiro, ao bater no ferro em brasa, não deseja simplesmente brincar com ele, mas transformá-lo na segurança de um edifício ou de uma ponte.

Deus tem um alvo com a provação! Se a lavoura se curva ante a fúria do vento, é para erguer-se logo depois e crescer com mais força do que antes do temporal.

Enquanto Spurgeon pregava sobre o primeiro mártir cristão, um ateu perguntou-lhe: "Que fez Deus para ajudar Estêvão, enquanto o apedrejavam?"

A resposta do pregador foi que Deus fez algo bem melhor do que transportar o seu servo para um lugar seguro ou desviar dele as pedras. Deus o ajudou a fazer a mais admirável de todas as orações: "Senhor, não lhes imputes este pecado".

Escreveu A. B. Simpson que todo caminho principal da vida humana tem seus altos e baixos. Cada homem tem de atravessar o túnel das tribulações antes de viajar pelo caminho elevado do triunfo.

A paciência, ou perseverança. Ao falar na tribulação, o apóstolo afirma que nós, os cristãos, nos gloriamos nela, sabendo que ela produz a perseverança. De fato, é impossível obter a virtude da paciência, ou perseverança, sem sofrimento.

A célebre paciência de Jó apenas se cristalizou através dos seus profundos sofrimentos, e seu livro revela essa evolução. Bem poderia lembrar Tiago: "Ouvistes qual foi a paciência de Jó, e vistes qual foi o fim que o Senhor lhe deu" (Tg 5.11).

Davi, antes de escrever: "Esperei com paciência no Senhor", teve de suportar as cruéis e injustas perseguições movidas contra ele por Saul. Especialmente nos Salmos 38 e 41, ele pinta com cores vivas as suas agudíssimas dores físicas e espirituais, agravadas pelo abandono e desprezo de amigos e pelas tramas e desígnios hostis de inimigos.

Uma irmã, depois de contar ao seu pastor como ela se sentia impaciente com seu esposo e filhos, pediu oração em seu favor. Imediatamente o ministro orou por ela, enfatizando a expressão: "Senhor, envia mais tribulação para a tua serva".

Após a oração, entre surpresa e indignada, a senhora exclamou: "Mas, pastor, o senhor pediu mais tribulação para mim?" Calmamente ele abriu a Bíblia e leu: "A tribulação produz a paciência".

A palavra grega traduzida por "perseverança" no Novo Testamento significa literalmente "ficar" ou "permanecer sob". Muitas vezes tem também o sentido de "suportar". De um modo geral, a palavra poderia ser traduzida por "capacidade de esperar".

A perseverança não é outra coisa senão esperar, e muitas vezes esperar sem conhecer as razões da demora. Através da paciência, Deus amadurece e molda nossa vida. Ele quer que sejamos perfeitos, ou melhor, maduros. Quer que sejamos completos, isto é, que nada nos falte. Assim como o sol do outono amadurece as frutas, a graça da perseverança nos transforma em bênçãos para os outros.

Dois provérbios, um chinês e outro holandês, dão uma idéia do valor da perseverança: "Um punhado de perseverança vale mais do que um barril de talento". "Nada é tão cheio de vitórias como a perseverança."

A propósito desse último provérbio, durante a I Guerra Mundial (1914-1918), um dos pontos-chave da luta foi a campanha dos Dardanelos. Depois de muitas tentativas para penetrar naquele estratégico estreito, a Marinha Inglesa retirou-se, ocasionando um grande desapontamento entre os exércitos aliados.

Um dia após a retirada, notícias procedentes de Viena declaravam que as forças britânicas teriam ganho uma vitória decisiva naquela grande batalha se tivessem insistindo um só dia mais no ataque. A defesa principal dos Dardanelos — a única capaz de resistir aos invasores ingleses — estava praticamente sem munições.

Entretanto, os ingleses, temendo perder muitos navios e ignorando as precárias condições dos inimigos, resolveram afastar-se, perdendo, assim, a oportunidade de alcançar a vitória, que seria uma das mais importantes de todo aquele conflito.

A experiência. O último degrau antes da virtude da esperança é o da experiência. A Bíblia afirma em Hebreus 5.13,14 que os meninos em Cristo não têm experiência e não têm os sentidos exercitados para discernirem nem o bem nem o mal.

O escritor Miguel Rizzo Júnior registra alguns fatos interessantes para mostrar o enorme valor da experiência. Eis alguns deles:

> *O pai do general MacArthur também era general. Certa ocasião, o governo do seu país deu-lhe a incumbência de pacificar um agrupamento de índios que se revoltara.*
>
> *Não querendo sacrificá-los, o general chamou um intérprete e deu-lhe instruções para parlamentar com os revoltosos, argumentando assim: As armas de que dispomos são imensamente mais fortes do que as vossas. Não podeis lutar conosco.*
>
> *Fazendo essa declaração, o velho MacArthur mostrou perante o intérprete como funciona uma metralhadora, e frisou bem que o poder destrutivo dessa arma nem de longe se compara ao das flechas. Feito isso, o comandante passou a descrever outras armas de que dispunha.*
>
> *Querendo explicar o que é uma arma de guerra, usou a figura que lhe pareceu a mais própria para ser entendida pelos índios. Referiu-se a uma canoa muito grande. Afirmou que essa tem vários andares e pode transportar mais de mil pessoas.*
>
> *O intérprete ouviu tudo. Antes que ele partisse, o comandante pediu-lhe que dissesse o que ia contar aos companheiros. O índio narrou o que ouvira, mas não fez referência à grande canoa. O comandante perguntou-lhe, então, se não*

ouvira essa parte. Ele declarou que ouvira mas não diria nada sobre o assunto porque seus companheiros nunca acreditariam que existisse uma canoa que transportasse mil pessoas.

O comandante tratou de mostrar que, realmente, existe a arma a que ele se referia. Depois de ouvir tudo, o intérprete lhe disse: Isso eu não direi porque nem eu creio que haja uma canoa desse tamanho!

De fato, existia a arma de guerra a que MacArthur se referia, mas as proporções dela estavam de tal forma fora de tudo quanto os índios conheciam que o intérprete achou impossível crer no que o general lhe afirmava. É sempre a mesma regra: o homem custa a crer naquilo que ultrapassa muito a sua própria experiência.

Um inglês, visitando certa região da África, manteve demorada palestra com o chefe de uma das tribos e passou a narrar-lhe tudo quanto havia no seu país que pudesse causar admiração a um selvagem. Contou-lhe que na sua terra, às vezes, a água dos rios ficava de tal forma dura que era possível andar sobre ela sem afundar-se.

O chefe selvagem denotou na fisionomia certa desconfiança; mas o inglês acrescentou: Ficam tão duras que até de carro se pode passar por cima delas. O indígena o interrompeu e disse: Desculpe, mas nisso não creio. Água ficar dura é impossível! Existe, de fato, o congelamento dos rios na proporção referida pelo inglês, mas isso está de tal forma afastado de tudo quanto o indígena conhecia sobre rios que ele não podia acreditar. Sempre a mesma lei. O homem custa muito a crer naquilo que esteja inteiramente fora da sua experiência... (Miguel Rizzo Júnior, Cristianismo Positivo, Edições Unitas, S. Paulo, sem data).

Quando se começou a falar na possibilidade da navegação a vapor entre a Inglaterra e a América, o Dr. Lardner, que fazia parte de uma organização científica, leu no Instituto Real, em 1838, um trabalho no qual provara que os navios nunca poderiam atravessar o Atlântico por uma razão que, segundo afirmava, era mais do que evidente: o carvão necessário para a travessia era de tal modo pesado que, recebendo-o todo, o navio afundaria.

Apesar dessa suposta demonstração, no mesmo ano o navio Sirius saiu da Inglaterra e fez a viagem até Nova Iorque em 19 dias. Foi assim que uma experiência bem-sucedida anulou dissertações que pareciam baseadas inteiramente na lógica.

Quando o almirante Nelson estava sentindo sobre si a tremenda responsabilidade de defender a causa do seu país em batalhas no Mediterrâneo, aproximou-se dele um indivíduo que lhe apresentou uma couraça dizendo que ela era impermeável. Os combatentes que a vestissem não morreriam com balas de fuzil. Se o almirante adquirisse uma grande quantidade delas, estaria em condições de ganhar grandes vitórias.

Nelson não vacilou um instante. Mandou que o homem vestisse a couraça e disse-lhe que assim armado iria receber um tiro de fuzil. Se saísse vivo da prova, as couraças seriam compradas. O homem não aceitou a condição. A prova da experiência é sempre assim. Revela falsidade dos objetos, das situações e dos sistemas.

Concluo citando mais um texto do referido autor:

> *Falando com um jovem que estudou nos Estados Unidos, numa época em que as polêmicas entre fundamentalistas e liberais estavam acesas e lançando grande confusão nos*

espíritos, ele nos disse com grande satisfação: Não fosse a experiência íntima que eu tinha do poder de Deus na minha vida, eu teria perdido a fé, lendo e ouvindo o que os polemistas escreviam e diziam. O que me salvou foi essa experiência.

E não foi essa a única vez que a experiência do poder de Deus sustentou e salvou-me a fé, em horas de grande confusão doutrinária.

8

O CRISTÃO NO LUGAR SANTO

A fé e a esperança

Em sua caminhada em direção ao Santo dos Santos, o crente deixa para trás o altar do holocausto e a pia de bronze, transpõe o segundo véu e penetra no Santuário, entrando assim na segunda dimensão espiritual.

> *Para a entrada da tenda farás uma cortina de púrpura violácea, vermelha e carmesim e de linho fino torcido, artisticamente bordada. Para a cortina farás cinco colunas de madeira de acácia, revestidas de ouro e com ganchos de ouro, e fundirás para elas cinco bases de bronze (Êx 26.36,37).*

Este segundo véu corresponde à segunda maior virtude do cristianismo — a Esperança. Atentem os leitores para esta palavra em I Co 13.13 e I Timóteo 1.1: "Agora, pois, permanecem a fé, a esperança e o amor, estes três; porém o maior destes é o amor". "Paulo, apóstolo de Cristo Jesus, nossa esperança."

A esperança produz corações fortes. "Espera no Senhor! Sê forte e corajoso, e espera no Senhor!" (Sl 27.14)

Stanley Jones conta que "viveu e trabalhou no Sul da Índia um dos missionários mais nobres, ao qual, entre a infinidade de coisas que teve de fazer, coube-lhe a demolição de um leprosário. Nessa época a lepra o atingiu. A princípio ele ficou aturdido, sua fé vacilou e quase soçobrou. Por que Deus permitiu acontecer-lhe isto, na aurora da vida, quando se dedicava a uma tarefa à qual era necessário?

Ele, porém, recuperou a fé; viu através das trevas... Isolado do homem, Deus pareceu-lhe mais próximo. Amigos visitaram-no em seu isolamento para com ele aprenderem a viver, pois ele aprendera a viver, apesar das circunstâncias. Mas um amigo que voltou da Índia teve pena dele, e o demonstrou pelo tom de voz.

O leproso interrompeu-o: O senhor está me lastimando, mas não deve fazê-lo. Jamais conheci alegria mais profunda na minha vida. Estas paredes estão radiantes do amor de Deus. Deus não o curou da lepra, mas fez algo melhor: curou outros através dele, curou-os onde mais necessitamos de cura, no espírito" (Ob. cit. pp. 120 e 121).

Péguy disse que a esperança, como uma luz que atravessa a escuridão da noite, é uma virtude para a terra, e não para o céu, pois no céu nada se espera, porque tudo se possui. Santo Agostinho afirmou que, tirando-se a esperança ao peregrino, ele perderá as forças para a marcha. Thomas Müller, quando diz que as grandes esperanças fazem os grandes homens, concorda com a célebre frase de William Carey: "Espera grandes coisas de Deus e empreende grandes coisas para Deus".

A esperança do crente é bem diferente daquela referida por Coelho Neto, quando diz que as esperanças são como as estrelas: brilham, mas não trazem luz; lindas, mas ninguém as alcança. A experiência cristã mostra que o caminho da vida eterna começa na fé, continua na esperança e termina no amor. Para Roquete Pinto, a virtude da esperança é o maior bem da terra, porque só quem espera pode ser bom, sábio e forte.

Como Davi, que disse: "Esperei confiantemente pelo Senhor, ele se inclinou para mim e me ouviu quando clamei por socorro" (Sl 40.1), assim também o crente nunca perde por esperar no Senhor. Podemos fazer nossas as palavras de Frederico, o Grande: "O tempo em que vivo está repleto de tribulação, mas minha esperança está no Senhor".

Os fundamentos da esperança cristã. Motivo de júbilo para todos os justificadores pela fé, a esperança do crente é a consumação futura da obra de Deus iniciada pela conversão, e que inclui a ressurreição do corpo, a herança dos santos, a vida eterna, a glória e a visão de Deus.

Antes depositada unicamente em Israel, esta segunda maior virtude do cristianismo tornou-se uma "esperança superior" na Nova Aliança (Hb 7.19) pelo fato de incluir os gentios e de basear-se, não nas obras, mas na abundante graça divina.

Assim, na atual dispensação da Igreja, esta "esperança superior" é oferecida a todos mediante a obra realizada por Cristo como a posteridade de Abraão (Gn 22.17,18; Gl 3.16), em quem todas as famílias da terra são abençoadas.

Colocada entre as virtudes da fé e do amor, a esperança apóia-se na primeira e nutre-se da segunda. Tendo por fundamento o próprio Deus, ela não pode decepcionar ou confundir, uma vez que Deus mesmo, segundo as suas muitas misericórdias, para ela nos regenerou, e pelo seu poder e verdade mantém firme suas fiéis promessas consignadas nas Escrituras.

Esta "esperança superior" constantemente vivificada, iluminada e fortificada pelo Espírito Santo (Rm 15.3; Gl 5.5;

Ef 1.17), é uma fonte permanente de segurança, conforto e alegria. Longe de se deixar abater pelos sofrimentos, ela os suporta com perseverança tal que deles triunfa provada e fortalecida (Rm 5.4; 2 Co 1.7).

No Lugar Santo, o cristão celebra a festa de Pentecoste

A páscoa e o pentecoste

No Lugar Santo, ou Santuário, o crente celebra a segunda das três grandes festas, a do Pentecoste. Diz a Bíblia:

> *Contareis sete semanas completas a partir do dia seguinte ao sábado, quando trouxestes o feixe de espigas agitado ritualmente. Contados assim cinqüenta dias até a manhã seguinte ao sétimo sábado, oferecereis ao Senhor uma nova oblação.*
>
> *Como oferta a ser agitada ritualmente, levareis de casa dois pães feitos com oito litros de flor de farinha, preparados com fermento. São as primícias do Senhor. Além destes pães oferecereis em holocausto ao Senhor sete cordeiros de um ano, sem defeito, um bezerro e dois carneiros com as respectivas oferendas e libações. São um sacrifício pelo fogo de suave odor ao Senhor.*
>
> *Imolareis um bode como sacrifício expiatório e dois cordeiros de um ano como sacrifício pacífico. O sacerdote os agitará ritualmente diante do Senhor, com o pão das primícias e os dois cordeiros. Serão coisas consagradas ao Senhor, pertencentes ao sacerdote.*
>
> *Nesse mesmo dia convocareis uma assembléia litúrgica, e não fareis nenhum trabalho servil. É uma lei perpétua, válida para vossos descendentes, onde quer que habiteis (Lv 23.15-21).*

Os sete cordeiros significam uma entrega perfeita, total e voluntária; o novilho é o símbolo da mansidão e do serviço, e os dois carneiros significam uma convicção maior do sacrifício substitutivo de Cristo na cruz.

A partir do Novo Testamento, o Pentecoste passou a significar unção, poder, capacitação. Jesus foi ungido com poder para o desempenho de sua missão, conforme anunciou o profeta.

> *O Espírito do Senhor Deus está sobre mim, porque o Senhor me ungiu, para pregar boas-novas aos quebrantados, enviou-me a curar os quebrantados de coração, a proclamar libertação aos cativos, e a pôr em liberdade os algemados; a apregoar o ano aceitável do Senhor e o dia da vingança do nosso Deus; a consolar todos os que choram (Is 61.1,2).*

Ao concluir sua obra, Ele adverte os discípulos e promete: "Eis que envio sobre vós a promessa de meu Pai; permanecei, pois, na cidade, até que do alto sejais revestidos de poder". "Mas recebereis poder, ao descer sobre vós o Espírito Santo, e sereis minhas testemunhas, tanto em Jerusalém, como em toda a Judéia e Samaria, e até os confins da terra" (Lc 24.49; At 1.8).

No Antigo Testamento, o nome dessa celebração é Festa das Primícias, ou das primeiras colheitas. Por isso, em Jerusalém, no dia de Pentecoste, atendendo à pregação de Pedro, houve a primeira colheita de almas para Cristo, quando três mil pessoas se converteram.

Conhecimento ampliado

Cristo, o capacitador. No Lugar Santo, o crente conhece a Jesus como Salvador e como o Cristo: "E toda língua confesse que Jesus Cristo é Senhor, para glória de Deus Pai" (Fp 2.11). O texto paralelo de Lucas 2.11 mostra a mesma seqüência: "é que hoje vos nasceu, na cidade de Davi, o Salvador, que é Cristo, o Senhor".

A palavra "Cristo", que vem do grego e corresponde a "Messias" em hebraico, significa "ungido" na língua portuguesa. Ela mostra que Jesus não é apenas o Salvador, mas também, aquele que dá poder. É o capacitador do crente. Por isso o crente no Lugar Santo exerce ministérios espirituais. "E também há diversidade nos serviços, mas o Senhor é o mesmo" (I Co 12.5). De acordo com este texto, os dons ministeriais são distribuídos por Jesus Cristo, enquanto os dons espirituais o são pelo Espírito Santo.

Embora cada crente exerça uma função na Igreja, assim como cada membro no corpo, há alguns ministérios fundamentais que se destacam, como os mencionados em Efésios 4.11,12:

> *E ele mesmo (Jesus) concedeu uns para apóstolos, outros para profetas, outros para evangelistas, e outros para pastores e mestres, com vistas ao aperfeiçoamento dos santos para desempenho do seu serviço, para a edificação do corpo de Cristo.*

Esses ministérios são a mão de Deus operando na Igreja. O apóstolo corresponde ao polegar, por seu íntimo e fácil relacionamento com todos os demais. O profeta corresponde ao dedo indicador. O evangelista pode ser representado pelo dedo médio — o maior da mão, pois ele se sobressai entre os outros.

Quem não conhece pelo menos um dos grandes evangelistas do passado ou do presente? O pastor é o anular, o dedo da aliança, pois ele está casado com a igreja local.

Finalmente, o mestre corresponde ao mínimo, o menor dedo da mão, o preferido para remover pequenas dificuldades, principalmente do ouvido.

O fato de esses cinco dons ministeriais terem sido dados à Igreja para a sua edificação espiritual é bastante significativo no estudo da tipologia do Tabernáculo. A Tenda da Congregação estava de pé graças às cinco travessas que mantinham suas 48 tábuas unidas nas três paredes (ao sul, ao norte e ao oeste) e às cinco colunas ao leste, que suportavam o segundo véu.

A longa travessa do meio (Êx 26.28) aponta para o primeiro de todos os dons ministeriais: o apostolado. "A uns estabeleceu Deus na Igreja, primeiramente apóstolos..." (I Co 12.28).

Conhece Cristo como o grande Pastor. No Lugar Santo, o crente conhece a Jesus como o grande Pastor. "Ora, o Deus da paz, que tornou a trazer dentre os mortos a Jesus Cristo, o nosso Senhor, o grande Pastor das ovelhas, pelo sangue da eterna aliança" (Hb 13.20). Enquanto no Pátio ele via Jesus como o Bom Pastor, no Lugar Santo ele vê o Filho de Deus como o grande Pastor.

Conhece melhor o Pai. No Lugar Santo, o crente tem a pessoa do Pai por ele. Note esta preposição em Efésios 4.6: "Um só Deus e Pai de todos, o qual é sobre todos, age por meio de todos e está em todos". Deus é, primeiramente, sobre todos, depois, age por meio de todos.

Possui o Espírito Santo e o Filho. No Lugar Santo, o crente possui o Espírito Santo e Jesus. "Naquele dia vós conhecereis que eu estou em meu Pai, e vós em mim e eu em vós." "Meus filhos, por quem de novo sofro as dores de parto até ser Cristo formado em vós" (Jo 14.20; Gl 4.19). Aqui o crente se relaciona com a colina do Gólgota, onde Jesus derramou seu sangue, representado pelo vinho.

É jovem

No Santuário, o crente é espiritualmente jovem. "Jovens, eu vos escrevo, porque tendes vencido o Maligno. Jovens, eu vos escrevi, porque sois fortes, e a palavra de Deus permanece em vós, e tendes vencido o Maligno" (I Jo 2.13,14).

No Calvário, Cristo aboliu, uma vez por todas, os sacrifícios

Como jovem, o crente é forte, vencedor, e possui a segunda maior virtude do cristianismo — a Esperança — que produz nele um coração forte. Quando alguém correu para o grande Emerson, dizendo: "Mestre, dizem que o mundo vai acabar", ele respondeu: "Não faz mal; podemos passar sem ele". Se o nosso mundo interior é forte, nada nos pode abalar, "ainda que a terra se transforme e os montes se abalem no seio dos mares; ainda que as águas tumultuem e espumejem, e na sua fúria os montes se estremeçam" (Sl 46.2,3).

Na sua mensagem aos jovens o apóstolo João afirma: "a palavra de Deus permanece em vós". Por guardar no coração a Palavra de Deus, o cristão não peca e ainda recebe tudo o que pede: "Se permanecerdes em mim, e as minhas palavras permanecerem em vós, pedireis o que quiserdes, e vos será feito" (Jo 15.7).

Jorge Müller, um dos homens que mais estudaram a Palavra de Deus, viajava certa vez para Quebeque, no Canadá, onde era esperado para ministrar estudos bíblicos. Mas, em pleno alto mar, uma forte neblina obrigou o comandante a reduzir consideravelmente a velocidade do barco para evitar um choque do navio com algum recife, ou mesmo com outra embarcação.

Müller, percebendo que o atraso o impediria de chegar ao seu destino em tempo hábil, procurou o comandante do navio e disse-lhe: "Se o senhor não tem a solução para este nevoeiro, eu tenho".

Combinaram então de orar juntos e se ajoelharam. Porém, antes de o comandante iniciar a oração, Müller tocou-lhe as costas e disse: "O irmão não ore, porque não tem certeza de receber!" E Müller, em seguida, fez uma oração simples, como a de uma criança, pedindo a Deus que afastasse o nevoeiro e limpasse o tempo, a fim de permitir-lhe ministrar a Palavra de Deus no dia e hora marcados.

Ao terminar a oração, e ainda ajoelhado, disse ao comandante: "Olhe à janela". O comandante levantou-se, olhou através da janela e viu o nevoeiro desaparecer rapidamente. E o barco chegou a Quebeque a tempo de o homem de Deus cumprir o seu abençoado ministério.

Qual o segredo da operante oração de Müller? Deixemos que ele mesmo nos diga:

> *Nos meus primeiros três anos de convertido, descuidei-me bastante do estudo da Palavra de Deus. Mas, depois que comecei a estudá-la diligentemente, tenho recebido bênçãos maravilhosas. Já li a Bíblia toda cem vezes, e de cada vez sinto maior delícia nessa leitura. O dia em que não dou bastante tempo à leitura e meditação da Bíblia, considero-o um dia perdido. Tenho ouvido alguns dos meus amigos dizerem: Tenho tanto que fazer, tantas pessoas me procuram, que não posso arranjar tempo para estudar a Bíblia.*
>
> *Talvez não haja muitas pessoas que tenham mais coisas a fazer do que eu. Há mais de cinqüenta anos não me recordo de um só dia em que não tivesse mais trabalho para fazer do que conseguisse fazer. Nestes últimos quarenta anos tenho recebido uma média anual de trinta mil cartas, e quase todas passam pela minha mão. Tenho nove auxiliares sempre ocupados com correspondência em alemão, francês, inglês, dinamarquês, russo e outras línguas.*
>
> *Além disso, tenho a grande tarefa de uma igreja de mil e duzentos membros. Tenho ainda a meu cargo cinco enormes orfanatos; e, na minha casa editora, a publicação e distribuição de milhões de tratados, livros e Bíblias. Não obstante, adotei como regra infalível nunca começar a trabalhar sem ter estado um bom espaço de tempo com Deus. O vigor da nossa vida espiritual estará na proporção direta do lugar que damos à Palavra de Deus na nossa vida e nos nossos pensamentos.*

Esse conhecido homem de Deus, que passou pela história como um dos que mais confiaram no poder da oração e no valor do estudo da Bíblia Sagrada, legou-nos muitas histórias interessantes e verídicas, de como o Senhor atende a oração quando são preenchidas as condições dadas por Jesus aos discípulos: "Se permanecerdes em mim, e as minhas palavras permanecerem em vós..."

O valor da Palavra de Deus, como modeladora de novas vidas em Cristo, jamais poderá ser exagerado. Todos os avivamentos do passado tiveram na Bíblia a sua inspiração fundamental e dinâmica, pois ela é a fonte da mensagem da Igreja. E esta mensagem é: somente em Cristo Jesus há perfeita salvação para um mundo perdido e grandemente necessitado.

A luz da Palavra e do Espírito

No Santuário o crente está iluminado pela Palavra de Deus e pela luz espiritual do candelabro ou castiçal: "Assim que, nós, daqui por diante, a ninguém conhecemos segundo a carne; e, se antes conhecemos a Cristo segundo a carne, já agora não o conhecemos deste modo" (2 Co 5.16).

Há um progresso notável aqui. Enquanto no Pátio o cristão sofre uma tremenda influência da luz natural, tão abundante, aqui sua visão está voltada para a luz espiritual do candelabro.

Por que ocorrem tantos fracassos humanos na expansão do reino de Deus? A resposta é que o homem, embora regenerado, ainda não compreende que, na queda, não apenas seu corpo e seu espírito se degradaram, mas também o seu entendimento. A Palavra de Deus adverte: "Confia no Senhor de todo o teu coração, e não te estribes no teu próprio entendimento" (Pv 3.5).

O profeta Jeremias fala dos nossos arrazoamentos quando diz que "enganoso é o coração, mais do que todas as coisas" (17.9). É por isso que Paulo afirma: "Porque, embora estando na carne, não militamos segundo a carne. Porque as armas da nossa milícia não são carnais, e, sim, poderosas em Deus para destruir fortalezas, anulando sofismas e toda altivez que se levante contra o conhecimento de Deus, levando cativo todo pensamento à obediência de Cristo" (2 Co 10.3-5).

Um obreiro transcultural dos Estados Unidos, enviado como missionário à América do Sul, percebeu horrorizado, depois de um longo período de muito trabalho e pouco fruto, que sua mensagem tinha muito de razão e pouco de revelação. Sua conclusão simples foi que sua denominação, que possuía mais de 40% de todos os missionários evangélicos na América Latina e apenas 5% dos crentes, estava ministrando mais humanismo que cristianismo. Ao porem demasiada ênfase na cultura em prejuízo da ação do Espírito Santo, acabaram mais iluminados pela luz natural do que pela sobrenatural. Muita lógica humana e pouco fruto são características de cristãos ainda no Pátio.

É claro que o crente não abre mão do seu entendimento, mas o submete ao Espírito Santo. Quando entrega sua vida ao Senhor, ele inclui nessa entrega o seu intelecto, a sua maneira de ver as coisas, a sua cosmovisão. Isso não é fácil. Seu entendimento "enganoso... mais do que todas as coisas e desesperadamente corrupto", se recusa a submeter-se à direção do Espírito Santo, e trava-se uma batalha: "Porque a carne milita contra o Espírito, e o Espírito contra a carne, porque são opostos entre si" (Gl 5.17).

Contudo, é vitorioso o cristão que deixa de estribar-se no seu próprio entendimento e permite que o Espírito Santo, presente nele, renove a sua mente e faça um homem de entendimento espiritual, possuidor da mente de Cristo e que julga bem todas as coisas (1 Co 2.15,16).

Quando nosso entendimento está cativo a Cristo, então nosso culto espiritual segue esta ordem: "Orarei com o espírito, mas também orarei com a mente; cantarei com o espírito, mas também cantarei com a mente" (I Co 14.15; veja também Rm 12.1,2; I Pe 2.2).

A finalidade do candelabro está descrita em Êxodo 25.37: "Farás também sete lâmpadas e as porás sobre o candelabro, de maneira que iluminem de frente". Os seis braços laterais (três de cada lado) apontam para a comunhão dos salvos com Jesus, formando com Ele sete hastes. Jesus é o tronco, a videira, e nós as varas.

Assim como o candelabro era de ouro batido, tanto na sua haste central como nas laterais, assim também nós somos batidos. O próprio Cristo preveniu: "Lembrai-vos da palavra que eu vos disse: Não é o servo maior do que seu senhor. Se me perseguiram a mim, também perseguirão a vós outros; se guardaram a minha palavra, também guardarão a vossa" (Jo 15.20).

No Santuário o crente também conhece Jesus como a Verdade, e "verdade" é luz. Por isso disse Jesus: "Eu sou o caminho, a verdade e a vida; ninguém vem ao Pai senão por mim" (Jo 14.6). Na parábola da candeia, ou na da dracma perdida, temos um exemplo de Jesus como a verdade.

No Santuário o crente não apenas apara e limpa os pavios para que a luz do candelabro brilhe cada vez mais intensamente, mas ele mesmo continua sendo purificado, num processo contínuo.

A obra da santificação, iniciada por Deus na pia de bronze, não será jamais consumada aqui na terra. O sacerdote tinha de usar o espevitador e o apagador, para fazer com que todas as lâmpadas brilhassem normalmente, sem problemas.

Para isso ele tinha de puxar o pavio e escová-lo, ou cortá-lo, a fim de remover o carvão.

Os meios usados por Deus para fazer nossa luz brilhar são dolorosos, porém necessários. Para que nossa luz resplandeça diante dos homens, para que vejam as vossas boas obras e glorifiquem a vosso Pai que está nos céus" (Mt 5.16).

Fruto e mais fruto

No Santuário, o crente dá mais fruto. "... e todo o que dá fruto, limpa, para que produza mais fruto ainda" (Jo 15.2). Note que a vara que dá fruto passa a dar mais fruto depois de limpa. Se no Pátio damos 30 por um, no Santuário passamos para 60 por um (Mc 4.8).

No Lugar Santo, ou Santuário, o crente alimenta-se de pães asmos.

> *Sobre cada fileira porás incenso puro que servirá de memorial em vez do pão, um sacrifício pelo fogo ao Senhor. Cada sábado, habitualmente, será colocado diante do Senhor o pão fornecido pelos israelitas: é um compromisso permanente. Servirá para Arão e seus filhos, que comerão em lugar santo, pois é porção santíssima que lhes cabe das ofertas do Senhor consumidas pelo fogo. É uma lei perpétua (Lv 24.7-9).*

Aqueles doze pães, cada um preparado sem fermento e com cerca de oito litros de flor de farinha, eram colocados sobre a mesa apropriada, em cada sábado. Em seguida o sacerdote derramava sobre eles o incenso puro, tornando-os santos. Permaneciam na mesa de um sábado a outro. A cada sábado os sacerdotes se reuniam no Lugar Santo e os comiam. Era o alimento deles como um tipo de Cristo, o Pão da Vida.

O crente, ao ministrar como sacerdote no lugar Santo, precisa alimentar-se dos pães asmos, que também representam a plenitude do povo de Deus diante de seu Redentor e Senhor.

Endurecidos pelo tempo e pela ausência de fermento, e amargosos por causa do incenso sobre eles derramado, esses pães bem podem significar certos crentes fracos, que têm de ser "engolidos", embora duros e amargos. Mas, assim como os sacerdotes, somos jovens, somos fortes e precisamos suportar os mais fracos.

Paulo nos adverte em Romanos 15.1,2: "Ora, nós que somos fortes, devemos suportar as debilidades dos fracos, não agradar-nos a nós mesmos. Portanto cada um de nós agrade ao próximo no que é bom para edificação".

Justificação, santificação e glorificação

O valor da adoração. Para prosseguir na sua caminhada em direção do Santíssimo Lugar, o crente precisa do louvor e da adoração. O altar do incenso ficava junto ao terceiro véu, que corresponde ao segundo véu da tenda da congregação. O sumo sacerdote não podia entrar no Santíssimo Lugar sem um incensário portátil, no qual o incenso sagrado estivesse sendo queimado com fogo trazido do altar de bronze.

A verdadeira adoração. A Bíblia diz que o Pai procura adoradores que o adorem em espírito e em verdade:

> *Mas vem a hora, e já chegou, quando os verdadeiros adoradores adorarão o Pai em espírito e em verdade; porque são estes que o Pai procura para seus adoradores. Deus é espírito, e importa que os seus adoradores o adorem em espírito e em verdade (Jo 4.23,24).*

O altar do incenso. Era o meio de ligação com o Lugar Santíssimo. "Por trás do segundo véu se encontrava o tabernáculo que se chama o Santo dos Santos, ao qual pertencia um altar de ouro para o incenso, e a arca da aliança totalmente coberta de ouro, na qual estava uma urna de ouro contendo o maná, a vara de Arão, que floresceu, e as tábuas da aliança" (Hb 9.3,4).

"Assim cobriu de ouro toda a casa, inteiramente, e também todo o altar que estava diante do Santo dos Santos" (I Rs 6.22). "Colocarás o altar diante do véu que oculta a arca da aliança, frente ao propiciatório que está sobre a arca da aliança, lugar onde me encontro contigo" (Êx 30.6).

A Bíblia assim descreve o altar de incenso: "Fez o altar do incenso de madeira de acácia. Era quadrado e tinha 50 cm de comprimento e de largura, e um metro de altura. Dele sobressaíam as pontas. Revestiu-o de ouro puro por cima, em redor dos lados, e nas pontas. Em redor do altar fez uma moldura de ouro. Por baixo da moldura, nos dois lados opostos, colocou argolas de ouro para receber os varais que serviam para transportá-lo" (Êx 37.25-27).

O poder do louvor. O altar de ouro possuía um chifre em cada um dos seus quatro cantos, significando que há grande poder no louvor, conforme exemplifica a própria Bíblia: "Tendo eles começado a cantar e a dar louvores, pôs o Senhor emboscadas contra os filhos de Amom e de Moabe, e os do monte Seir que vieram contra Judá, e foram desbaratados" (2 Cr 20.22).

A restauração do Tabernáculo de Davi. Deus prometeu levantar o Tabernáculo de Davi, e isto significa que o louvor e a adoração seriam restaurados: "Naquele dia levantarei o tabernáculo caído de Davi, repararei as suas brechas; e, levantando-o das suas ruínas, restaurá-lo-ei. Para que os demais homens busquem ao Senhor, e todos os gentios sobre os quais tem sido invocado o meu nome" (Am 9.11; At 15.16,17).

No século XVI, com a Reforma Protestante, a verdade acerca do sacerdócio universal dos crentes foi restaurada, o que aponta para o altar do holocausto. Dois séculos mais tarde, surge Wesley com o Metodismo, restaurando à Igreja Cristã a doutrina da santificação, simbolizada na pia de bronze.

Depois, em fins do século XIX e início do XX, tivemos a restauração da doutrina pentecostal representada no candelabro. Mais recentemente, a Igreja, nas suas mais diversas denominações, começou a experimentar uma intensa renovação espiritual e uma conseqüente mais profunda comunhão fraternal. Não estou me referindo a nenhum movimento ecumênico, mas ao movimento do Espírito Santo; por esta razão, as igrejas pentecostais acolhem muitos irmãos procedentes de denominações onde são rejeitados o poder e a operação do Espírito Santo.

A comunhão fraterna entre irmãos cheios do Espírito Santo fala da restauração da mesa e da feliz reunião dos sacerdotes no Lugar Santo para se alimentarem dos pães da proposição.

Em nossos dias, como resultado do último despertamento espiritual, estamos assistindo ao levantamento da Tenda de Davi. Preocupado com a arca da aliança, o rei e poeta de Israel construiu uma tenda em Jerusalém e introduziu nela a arca. Depois organizou cantores e preparou músicos para adorarem o Criador. O fato de Deus prometer levantar o Tabernáculo de Davi, e não o de Moisés, revela seu interesse em restaurar a adoração e o louvor, que só a Ele pertencem.

O incenso. A composição do incenso nos dá lições importantes para a nossa vida de adoração, de oração e de ação de graças. O texto bíblico de Êxodo 30.34-37 diz:

> *O Senhor disse a Moisés: Arranja essências aromáticas: resina, âmbar, gálbano, substâncias aromáticas e incenso perfumado, composto segundo a parte da perfumaria, bem dosado, puro e santo. Parte dele reduzirás a pó a fim de pôr diante da arca da aliança na tenda de reunião, onde me encontrarei contigo. Haveis de considerá-lo como algo de santo e consagrado. Não deveis fazer para vós outro incenso da mesma composição. Deverás considerá-lo como consagrado ao Senhor.*

A resina, que Almeida traduz por estoraque, era extraída sem incisão, espontaneamente, de um arbusto do mesmo nome. O nosso louvor e adoração devem ser espontâneos. Deus fez exigências assim aos seus sacerdotes:

> *Eles entrarão no meu santuário, e se chegarão à minha mesa, para me servirem, e cumprirão as minhas prescrições. E será que, quando entrarem pelas portas do átrio interior, usarão vestes de linho, não se porá lã sobre eles, quando servirem nas portas do átrio interior, dentro do templo. Tiaras de linho lhes estarão sobre as cabeças, e calções de linho sobre as coxas; não se cingirão a ponto de lhes vir suor (Ez 44.16-18).*

O leitor deve notar a expressão "a ponto de lhes vir suor".

O outro elemento que entra na composição do incenso é a onicha, ou âmbar, que a Bíblia de Jerusalém traduz por "craveiro". Extraído de um molusco marinho, ele nos ensina que a nossa oração ou louvor deve partir das profundezas da alma, como em Ana (I Sm 1.9-18) e no salmista: "Das profundezas clamo a ti, Senhor" (Sl 130.1).

O terceiro elemento é o gálbano, um arbusto do deserto. Suas folhas deviam ser quebradas e moídas para extração do perfume. A adoração deve brotar de um coração quebrantado e contrito: "Sacrifícios agradáveis a Deus são o espírito quebrantado; coração compungido e contrito não o desprezarás, ó Deus" (Sl 51.17).

Stanley Jones registra a experiência de um escritor muito apreciado que orou pedindo o fim de seus muitos sofrimentos. Um amigo, ao ouvir as palavras da oração, pôs a mão sobre o ombro do escritor e disse-lhe: "Se esta oração for atendida, será o fim do seu estilo". Esse amigo tinha razão.

O mesmo autor narra outro episódio ocorrido na Índia: Um coral evangélico constituído unicamente de pessoas leprosas, ao cantar em igrejas daquele país, levou muitos às lágrimas, à salvação e ao despertamento, pelo fato de seus integrantes arrancarem seu louvor de corações realmente contritos, quebrados e moídos, como das folhas do gálbano. E Deus não apenas recebeu aquele louvor; usou-o para abençoar outras pessoas.

Paulo e Silas, como cordas distendidas pela cravelha do sofrimento, oravam e cantavam hinos no cárcere de Filipos. Tão alto subiram os seus louvores, que Deus enviou uma nota baixa — um terremoto — nascendo daí talvez a primeira igreja da Europa, uma igreja forte e cooperadora no Evangelho de Cristo.

O incenso é, pois, um tipo de nossas orações, conforme Apocalipse 5.8: "Logo que tomou o livro, os quatro seres viventes e os vinte e quatro anciãos prostraram-se diante do Cordeiro, tendo todos eles uma harpa e taças de ouro cheias de incenso, que são as orações dos santos".

Mas, antes de prosseguirmos, desejamos ainda, a propósito do incenso, salientar dois textos bíblicos. O primeiro deles é Efésios 6.18, de onde destacamos a expressão "com toda a oração e súplica no Espírito".

É praticamente unânime a opinião dos estudiosos da Bíblia de que a referida expressão quer dizer toda a sorte de oração, incluindo aqui a ação de graças e adoração, sendo esta última a mais elevada forma de oração.

É significativo que o apóstolo Paulo, falando da nossa progressão espiritual em Cl 2.5-7, coloque, por último, o nosso crescimento em ação de graças, que é a forma de oração que mais de perto se relaciona com a adoração. A progressão é: ordem, firmeza, ação, enraizamento, edificação, confirmação e crescimento em ação de graças. Eis o texto:

> *Pois ainda que esteja ausente quanto ao corpo, contudo em espírito estou convosco, regozijando-me, e vendo a vossa ordem e a firmeza da vossa fé em Cristo. Portanto, assim como recebestes a Cristo Jesus, o Senhor, assim também andai nele, arraigados e edificados, e confirmados na fé, assim como fostes ensinados, crescendo em ação de graças.*

Finalmente, as palavras de Jesus em João 4.23,24: "Mas vem a hora, e já chegou, em que os verdadeiros adoradores adorarão o Pai em espírito e em verdade, pois o Pai procura a tais que assim o adorem. Deus é Espírito, e importa que os que o adoram o adorem em espírito e em verdade".

Este texto de João nos ensina preciosas lições acerca da adoração:

A adoração não é ocasional. Ao dizer que "agora é", Jesus estava dizendo que devemos adorar a Deus em todo o tempo, vivendo uma vida que realmente em tudo glorifique o seu soberano nome. Morris Cerullo, o evangelista judeu norte-americano, conta que um médico amigo seu, adventista do sétimo dia, lamentou com ele o fato de o evangelista não adorar no sábado.

— Mas eu adoro no sábado! — exclamou Cerullo.

— Verdade? O irmão também adora no sábado?

— Verdade, doutor. Eu adoro a Deus no sábado, no domingo, na segunda, na terça... e em todos os demais dias da semana!

A adoração não depende de lugares especiais. A mulher samaritana quis saber qual o local de adoração, se no monte Gerezim ou em Jerusalém. A resposta de Jesus foi contundente: "Nem neste monte nem em Jerusalém..." (v. 21).

Cada religião tem os seus lugares sagrados de adoração. Os judeus têm a sinagoga e Jerusalém; os muçulmanos têm a mesquita e Meca; os hindus têm os seus templos e um rio sagrado. Os católicos têm o Vaticano, Juazeiro e Aparecida do Norte no Brasil, Fátima em Portugal, Loudes na França, Montesserat na Espanha, etc., além de seus incontáveis templos.

A cobertura

Toda a área compreendida pelo Lugar Santo e pelo Lugar Santíssimo está coberta com quatro diferentes cortinados. O texto bíblico está em Êxodo 26.1-14:

1. "Farás a morada com dez cortinas de linho fino torcido, de púrpura violácea, vermelha e carmesim, e nelas bordarás querubins.
2. Cada cortina terá 14 metros de comprimento e dois de largura. Todas as cortinas terão as mesmas medidas.

3. Unirás as cortinas umas às outras em duas séries de cinco cada uma.

4. Porás presilhas de púrpura violácea na borda da cortina que termina o primeiro cortinado, e o mesmo farás na última do segundo cortinado.

5. Farás 50 presilhas na primeira cortina, e 50 na extremidade da segunda cortina onde termina o segundo cortinado, de modo que as presilhas se correspondam umas às outras.

6. Farás 50 colchetes de ouro, e com eles ligarás uma cortina à outra para que a morada forme um todo.

7. Farás também onze cortinas de crina de cabra para que sirvam de cobertura para a morada.

8. O comprimento de cada cortina será de 15 metros por dois de largura. As onze cortina terão as mesmas medidas.

9. Unirás as cortinas em dois grupos separados, um de cinco e o outro de seis cortinas, dobrando a sexta cortina na parte dianteira da tenda.

10. Farás 50 presilhas na barra da última cortina do primeiro cortinado e 50 presilhas na barra do segundo cortinado.

11. Farás também 50 colchetes de bronze, introduzindo-os nas presilhas e ligando assim a tenda para que forme um todo.

12. A parte que sobrar das cortinas da tenda, isto é, a metade, penderá sobre a parte posterior da morada.

13. Os 50 cm excedentes, de um e outro lado ao longo das cortinas da tenda, penderão sobre os dois lados da morada, cobrindo-a.

14. Para a tenda farás também uma cobertura de peles de carneiro tintas de vermelho, e, por cima, outra cobertura de peles de golfinho".

Não poderíamos avançar para o último capítulo sem dizer especialmente acerca das cortinas de linho e de pêlos de cabra.

As figuras que temos aqui são expressivas. A cobertura "de linho fino torcido, de púrpura violácea, vermelho e carmesim", com figuras de querubins, aponta para a perfeita harmonia da pessoa de Jesus.

Notemos que as cortinas estavam dispostas em dois grupos de cinco peças cada. A união desses dois grupos era feita através de colchetes de ouro aplicados a cada um dos cinqüenta pares de presilhas, ou laçadas.

Em Jesus acentua-se o equilíbrio, tanto nos seus momentos não estudados, quando Ele falava, como nos seus momentos estudados, quando Ele ensinava. Ficamos, por exemplo, deslumbrados com a coerência de Jesus ao traçar as diversas etapas da história de Israel na parábola dos lavradores maus, ou a progressão da queda do homem na parábola do bom samaritano, onde temos, ainda, a representação fiel de diversos tipos religiosos ainda hoje existentes.

Mas o equilíbrio na vida e ministério de Jesus vai além de sua fala e ensino, pois está presente em tudo aquilo que Ele realizou e ainda realiza. Os métodos que Ele usava para operar os milagres relatados no Novo Testamento eram tão diversificados como aqueles que Ele ainda usa em nossos dias.

Jesus não estabeleceu nenhuma liturgia para a cura dos doentes ou para a libertação dos endemoninhados. Quando as pessoas achavam que Ele deveria tocar os enfermos para que estes fossem sarados, Ele então apenas pronunciava a palavra de cura, ou vice-versa. A maneira equilibrada com que realizava seus prodígios e maravilhas entre o povo jamais poderia apoiar formas padronizadas ou mágicas de realização de sinais.

No que diz respeito às cortinas de linho, o cortinado de pêlos de cabra possui algumas diferenças interessantes. As cortinas aqui, além de serem onze, tinham cada uma delas quinze metros, ou dois côvados a mais que as de linho. Essa peça cobria totalmente o cortinado de linho fino torcido, que mostra Jesus em toda a sua glória. Metade da cortina extra pendia à frente da tenda, e metade aos fundos. Por serem um metro mais compridas que as de linho, meio metro, ou seja, um côvado das cortinas de pêlos de cabra pendia em cada lateral do Tabernáculo.

Essas onze cortinas também estavam unidas em dois grupos, um de cinco e outro de seis peças, os quais estavam ligados um ao outro por colchetes de bronze que uniam as cinqüenta laçadas de um grupo de cortinas às suas correspondentes do outro grupo.

As cortinas de pêlos de cabra têm muito a ver com o ministério pessoal de cada crente no Senhor Jesus, por diversas razões:

A fidelidade. O número onze, que vem a ser o número do colégio apostólico menos o traidor Judas Iscariotes, é o que indica fidelidade. As onze cortinas requerem a nossa fidelidade a Cristo e ao ministério. O número cinco indica na Bíblia tanto a graça de Deus como os dons ministeriais fundamentais descritos em Efésios 4.11: apóstolos, profetas, evangelistas, pastores e doutores.

A comunhão. Apesar de cada um desses ministérios possuir características peculiares, eles devem estar unidos um ao outro da mesma maneira como cada membro do corpo está ligado aos outros membros do mesmo corpo. Esta lição vale para todos os crentes, pois todos são membros do mesmo Corpo de Cristo, a sua Igreja.

É impossível ser cristão verdadeiro e alimentar desunião, inimizade, ou viver isoladamente. Há em nossos dias tanta divisão nas igrejas que até corremos o risco de aceitar tal situação como coisa normal.

Um amigo meu, pastor evangélico, contou-me que tentava reconciliar duas senhoras cristãs que se consideravam inimigas, e usou o argumento de que não existe dois céus, mas apenas um. Imediatamente uma das irmãs retrucou: "Mas Jesus disse que na casa do Pai há muitas moradas, no plural; então, eu vou viver na minha morada, e ela — indicando a outra senhora — vai viver na morada dela".

A graça. A junção desses dois grupos de cortinas, um de cinco e outro de seis, revela o efeito da graça divina no homem, simbolizado pelo número seis. Servimos por causa da graça, e somente por causa da graça. Paulo podia dizer: "Mas pela graça de Deus sou o que sou, e a graça que me conferiu não foi estéril. Ao contrário, tenho trabalhado mais do que todos eles, mas não eu, e sim a graça de Deus comigo" (I Co 15.10).

A submissão. O elemento que faz a união dos dois cortinados é o colchete de bronze. De que nos fala o bronze? Fala do juízo divino que Jesus sofreu na cruz, e, por extensão, fala de submissão total à soberana vontade de Deus. A cruz une. Se estamos crucificados com Cristo, então estamos unidos, perfeitamente unidos por aquela cruz na qual Jesus levou os nossos pecados.

A renúncia. Finalmente, a pessoa que entrasse no Tabernáculo e olhasse para cima não veria a cortina de pêlos de cabra, mas a de linho fino torcido, que indica a Cristo. A cortina de pêlos de cabra não podia ser vista. Ela estava lá, com todas as suas costuras, laçadas e colchetes, mas ao olhar para elas, via-se a de linho!

Ó, irmãos, que as pessoas, ao olharem para nós, não vejam a nós, mas a Cristo. Oh, se pudéssemos dizer como o apóstolo Paulo: "Estou crucificado com Cristo, e já não vivo, mas Cristo vive em mim. A vida que agora vivo na carne, vivo-a na fé do Filho de Deus, que me amou e a si mesmo se entregou por mim" (Gl 2.20 - ECA).

As belezas ocultas de Cristo

No que se refere à pessoa de Jesus, as cortinas de pêlos de cabra mostram como as inigualáveis belezas do caráter do Salvador estavam ocultas na sua aparência de "homem de dores, experimentado em trabalhos".

Tal foi a vida terrena daquEle que, por amor de nós, despiu-se da sua glória e veio ao mundo em extrema obscuridade, envolvido que estava em pêlos de cabra. O "Cordeiro de Deus que tira o pecado do mundo" nasceu numa manjedoura. Sua mãe sequer era casada, o que provocou comentários infamantes da maioria das pessoas que não podiam entender o mistério da encarnação. Três décadas mais tarde os judeus usariam o mesmo aguilhão moral contra o Nazareno: "Nós não somos filhos de prostituição" (Jo 8.41), querendo, desse modo cruel, acusar o meigo Jesus de o ser.

O fato de Jesus ter crescido na obscura Nazaré — e não em alguma cidade importante da Palestina ou do império, como Jerusalém, Roma ou Alexandria — contribuiu para obscurecer ainda mais o seu passado. Natanael tinha boas razões para perguntar: "De Nazaré pode sair alguma coisa boa?" (Jo 1.46). Os líderes de Israel, por sua vez, argumentavam com profundo desdém: "Quanto a este [Jesus], não sabemos de onde vem" (Jo 9.29).

Outra coisa que as cortinas ensinam, tanto as de linho como as de pêlos de cabra, é que o homem natural não pode entender as coisas espirituais. A busca da verdade última — da razão da existência do universo e da nossa própria existência — pode ser mostrada nas mais diferentes correntes filosóficas. Apesar de tanto esforço despendido ao longo dos séculos, "a possibilidade da filosofia encontrar a Verdade é equivalente à de uma pessoa cega e trancada em um quarto escuro, tentando agarrar pela cauda um gato preto que não está lá", como chistosamente disse alguém.

A queda do homem no Éden foi global. Ali ele caiu também em sua capacidade intelectual. Ele perdeu a capacidade, por si mesmo, de entender os pensamentos e caminhos de Deus (Is 55.9). Jesus afirmou que o Pai ocultou o conhecimento das coisas espirituais aos sábios e entendidos, mas o revelou aos pequeninos (Mt 11.25).

Portanto, enquanto o ser humano não se humilhar e receber o dom gratuito de Deus, que é a vida eterna em Cristo, ele nada verá na pessoa do Salvador que o impressione, constranja, e o leve ao arrependimento. Do lado de fora do Tabernáculo o pecador nada pode ver além da rústica cobertura externa, mas ao entrar pela Porta, que é Cristo, e avançar pelo Caminho, que é Cristo, então descobrirá a Verdade, que é Cristo, e tomará posse da Vida, que também é Cristo.

Concluímos estas preciosas lições da cobertura do Tabernáculo dizendo que em Cristo tudo é nosso, e que fora de Cristo nada é nosso. Em Cristo somos espiritualmente inteligentes, mas fora de Cristo somos espiritualmente ignorantes. Está claro, em Romanos 12.2, que a nossa transformação em nova criatura exige a transformação da nossa cosmovisão. "Por conseguinte, quem está em Cristo é criatura nova. O velho passou, e um mundo novo se fez" (2 Co 5.17).

9

O CRISTÃO NO LUGAR SANTÍSSIMO

A fé, a esperança e o amor

Ao transpor o terceiro véu, que simboliza o amor como a maior de todas as virtudes, o crente entra no Lugar Santíssimo. Esta terceira divisão do Tabernáculo corresponde à terceira e maior dimensão do nosso desenvolvimento espiritual.

O mesmo véu que separa o Lugar Santo do Lugar Santíssimo representa o corpo de Jesus rasgado no madeiro da cruz. Por esta razão escreveu o autor da Carta aos Hebreus:

> *Portanto, irmãos, tendo nós confiança de entrar no Santo dos Santos (no Céu) pelo sangue de Cristo, pelo caminho novo e vivo que nos abriu através do véu, isto é, através de sua carne, e (tendo) um grande sacerdote que preside à casa de Deus, aproximemo-nos (de Deus) com um coração sincero, com plenitude de fé, purificados os corações de consciência má, e lavado o corpo com água limpa... (Hb 10.19-22 - Matos Soares).*

O leitor deve notar que, para ter acesso ao Santíssimo Lugar, é preciso antes passar pelo grande altar do holocausto (ser purificado da má consciência) e pela pia de bronze (ter o corpo lavado com água limpa).

No Lugar Santíssimo, o cristão celebra a festa dos Tabernáculos

A respeito desse véu, escreveu o Dr. Scofield:

> *O véu interior é tipo do corpo humano de Cristo (Mt 26.26; 27.50; Hb 10.20). Este véu, vedando a entrada ao santíssimo, era um símbolo expressivo da verdade que "pelas obras da Lei nenhuma carne será justificada" (Rm 3.20; Hb 9.8).*
>
> *Rasgado por mão invisível quando Cristo morreu (Mt 27.51), dando assim acesso imediato a Deus para os que chegassem pela fé, significa o fim de todo o legalismo: o caminho para Deus ficou aberto.*
>
> *É significativo que os sacerdotes devem ter remendado o véu que Deus rasgara, pois os serviços do templo continuaram por quase mais 40 anos. Esse véu remendado é o legalismo reprovado na carta aos Gálatas (e tem seu equivalente hoje no sabatismo), é a tentativa de colocar o crente sob o regime da Lei (Gl 1.6-9).*
>
> *Tudo que anuncia outra coisa a não ser "a graça de Deus" é "outro evangelho" e está sob anátema.*

De acordo com autoridades em assuntos judaicos, nem um par de bois poderia rasgar o véu do Templo de Herodes, que era de material resistente e possuía cerca de 10 centímetros de espessura. Ao homem era impossível rasgá-lo; muito menos de cima para baixo. Só Deus poderia fazê-lo!

Esse ato de Deus está profetizado em Salmos 118.23,24: "Isto procede do Senhor e é maravilhoso aos nossos olhos. Este é o dia que o Senhor fez; regozijemo-nos e alegremo-nos nele" (ARA). O dia da graça foi feito pelo Senhor quando rasgou o véu, após a consumação da obra redentora de Cristo no Calvário.

O apóstolo Paulo, depois de tratar da pessoa do Espírito Santo e de dizer que os dons espirituais são distribuídos pela terceira pessoa da Trindade, e ainda depois de referir-se a Jesus Cristo como aquEle que dá os dons ministeriais, fala do Pai nas palavras: "E há diversidade nas realizações, mas o mesmo Deus é quem opera tudo em todos" (I Co 12.6).

As operações de Deus são através do amor descrito no capítulo 13 da mesma carta, que constitui um dos mais belos textos da Escritura Sagrada. Em resumo, temos nesse capítulo o retrato do verdadeiro amor.

O amor é sofredor, benigno e não invejoso (v. 4). No Antigo Testamento temos o exemplo de Moisés em Números 11.27-29 e 12.2,3:

> *Um jovem foi correndo avisar a Moisés que Eldade e Meldade estavam profetizando no acampamento. Josué, filho de Num, ajudante de Moisés desde a juventude, disse: Moisés, meu senhor, manda-os calar. E Moisés lhe respondeu: Tens ciúmes por mim? Quem dera que todo o povo do Senhor fosse profeta, e que o Senhor lhe concedesse o espírito.*
>
> *Acaso só por Moisés fala o Senhor? Não fala também por meio de nós? E o Senhor ouviu. Moisés era homem muito humilde, mais do que qualquer pessoa sobre a face da terra.*

Estes textos mostram a profunda humildade de Moisés e a ausência de inveja em seu coração. Ele estava pronto mesmo a ser riscado do livro divino por amor ao seu povo: "Moisés retornou para junto do Senhor, e disse: Oh! este povo cometeu um grande pecado. Fizeram, deuses de ouro. Mas agora perdoa-lhes o pecado; senão, risca-me do livro que escreveste" (Êx 32.31,32).

O amor não é vaidoso nem orgulhoso (v. 4), mas cortês (v. 5). Aquele que ama não discute maliciosamente as faltas uns dos outros, não brinca com o nome glorioso de Jesus e nem usa o soberano nome de Deus em vão. A verdadeira cortesia penetra todos os setores da nossa vida.

O amor é altruísta (v. 5). Aquele que ama não defende seus direitos. Os egoístas, segundo o apóstolo, "buscam o que é seu próprio, não o que é de Cristo Jesus". Paulo dá o exemplo: "Sim, deveras considero tudo como perda, por causa da sublimidade do conhecimento de Cristo Jesus meu Senhor: por amor do qual, perdi todas as cousas e as considero como refugo, para ganhar a Cristo" (Fp 2.21; 3.8).

O amor é sereno (v. 5). Aquele que ama não se irrita, não se deixa dominar pela ira, "porque a ira do homem não produz a justiça de Deus" (Tg 1.20).

O amor não suspeita mal. Ele não lembra as ofensas, não alimenta maus pensamentos, não desconfia. Mesmo tendo algumas decepções, ainda vale a pena confiar nos outros, todavia com prudência e não com credulidade. Quanto às ofensas, devemos seguir o exemplo de Jesus, "o qual, em troca da alegria que lhe estava proposta, suportou a cruz, não fazendo caso da ignomínia, e está assentado à destra do trono de Deus" (Hb 12.2).

Aquele que ama não fala mal e não gosta de ouvir falar mal de outros. Davi não se alegrou com a desgraça de seu inimigo Saul, mas prorrompeu num lamento sincero:

> *A tua glória, ó Israel, foi morta sobre os teus altos! Como caíram os valentes! Não o noticieis em Gate, nem o publiqueis nas ruas de Ascalom, para que não se alegrem as filhas dos filisteus, nem saltem de contentamento as filhas dos incircuncisos (2 Sm 1.19,20).*

Páscoa, Pentecoste e Tabernáculos

No Santo dos Santos o crente celebra a terceira grande festa: a dos Tabernáculos.

> *Fala aos israelitas e dize-lhes: o dia quinze deste sétimo mês é a festa dos Tabernáculos, durante sete dias, em honra ao Senhor (Lv 23.34).*

> *Celebrarás a festa dos Tabernáculos durante sete dias, uma vez recolhido o fruto da eira e do lagar (Dt 16.13).*

> *Esta será para vós uma lei perpétua: no dia dez do sétimo mês deveis mortificar-vos e abster-vos de qualquer trabalho, tanto o natural do país como o estrangeiro que habita no meio de vós. Porque nesse dia se fará a expiação por vós, para vos purificar. Diante do Senhor sereis purificados de todos os vossos pecados. Será para vós sábado, dia de descanso para vos mortificardes; é uma lei perpétua.*
>
> *A expiação será feita pelo sacerdote que foi ungido e sagrado, da tenda de reunião e do altar, bem como sobre os sacerdotes e todo o povo da comunidade. Esta será, pois, para vós uma lei perpétua: Uma vez por ano se fará a expiação de todos os pecados dos israelitas (Lv 16.29-34; quanto aos animais sacrificados, ver ainda Nm 29.12-39).*

Esta maior festa dos judeus era realizada de 15 a 21 de Tisri, o sétimo mês do calendário religioso de Israel.

Nesta festa eram sacrificados 70 novilhos (7 x 10, significando plenitude de trabalho e frutificação). Também eram sacrificados 98 cordeiros (ou 2 x 7 x 7, entrega total e voluntária). Eram ainda imolados 14 carneiros (2 x 7, uma plena visão da ora de Cristo e de nossos hediondos pecados).

Morriam ainda sete bodes, indicando morte plena, pelo poder de Deus, do velho Adão, pois o bode tipifica o pecador, como em Mateus 25.33: "E porá as ovelhas à sua direita, mas os cabritos (ou bodes) à esquerda". O apóstolo Paulo menciona a morte do velho homem em seu poderoso testemunho: "Logo, já não sou eu quem vive, mas Cristo vive em mim; e esse viver que agora tenho na carne, vivo pela fé no Filho de Deus, que me amou e a si mesmo se entregou por mim" (Gl 2.20).

A arca e seus pertences

No Lugar Santíssimo o crente está diante da arca do concerto, na qual estão os objetos ali colocados por ordem divina. Como no capítulo 3, "As Peças do Tabernáculo", já descrevemos pormenorizadamente os objetos da Arca e seus significados, acrescentaremos apenas o seguinte:

As tábuas da Lei. A lei representa a boa, agradável e perfeita vontade de Deus, que o crente tem no seu coração. Por isso pode fazer suas as palavras de Davi: "Escondi a tua palavra no meu coração, para eu não pecar contra ti" (Sl 119.11).

A vara de Arão. Tem ela ainda a vara de Arão florescida, e isto aponta, não apenas para a ressurreição de Cristo, mas também para a vida de vitória do crente, vida que dá flores e frutos pelo poder de Deus.

No dia seguinte, ao entrar na tenda da aliança, Moisés viu que a vara de Arão, da família de Levi, tinha produzido brotos, dado flores e amêndoas maduras (Nm 17.23 - Vozes).

O florescimento e a frutificação do ministério confirmaram a chamada e a aprovação divina.

O maná. Ainda no Lugar Santíssimo o crente tem diante de si o maná, o pão do céu. Ele aponta para Jesus como o verdadeiro pão que desceu do céu (Jo 6.30-35), e mostra como Israel estava na inteira dependência divina:

> *Ajuntareis maná durante seis dias e no sétimo, que é sábado, não haverá. No sétimo dia alguns saíram para recolher, mas nada encontraram (Êx 16.26-27).*

A dúvida, a curiosidade e a desobediência continuam dirigindo aqueles que ainda não aprenderam a ser dirigidos por Deus.

O Propiciatório

A Bíblia assim descreve o propiciatório:

> *Farás também, um propiciatório de ouro puro, de 125 cm de comprimento e 75 de largura. Farás dois querubins de ouro polido, nas duas extremidades do propiciatório: um de um lado e outro do outro lado, de modo que os querubins estejam nos dois extremos do propiciatório.*
>
> *Os querubins, com as asas estendidas por cima, estarão encobrindo o propiciatório, um em frente ao outro, voltados para o propiciatório. Porás o propiciatório sobre a arca, e dentro da arca o documento da aliança que te darei. Ali me encontrarei contigo, e de cima do propiciatório, do meio dos querubins colocados sobre a arca da aliança, eu te comunicarei tudo o que ordenar aos israelitas (Êx 25.17-22).*

Por trás do segundo véu se encontrava a arca da aliança totalmente coberta de ouro... e sobre ela querubins de glória que, com a sua sombra, cobriam o propiciatório (Rm 3.25; Hb 9.3-5).

O propiciatório representa a Cristo. A Bíblia afirma que Deus propôs a Jesus "para propiciação pela fé no seu sangue, para demonstrar a sua justiça pela remissão dos pecados dantes cometidos sob a tolerância de Deus" (Rm 3.25).

Deus aparecia sobre ele na nuvem. "O Senhor disse a Moisés: Fala a teu irmão Arão para não entrar a qualquer hora no santuário, por detrás do véu, diante do propiciatório que está sobre a arca. Do contrário morreria quando apareço na nuvem sobre o propiciatório" (Lv 16.2).

Deus habitava acima dele. "Dá ouvidos, ó pastor de Israel, tu, que conduzes a José, como um rebanho; tu, que estás entronizado acima dos querubins, mostra o teu esplendor" (Sl 80.1).

Deus falava de cima dele. "Ali me encontrarei contigo, e de cima do propiciatório, do meio dos querubins colocados sobre a arca da aliança, eu te comunicarei tudo o que ordenar aos israelitas." "Quando entrava na tenda de reunião para falar com o Senhor, Moisés ouvia a voz que lhe falava de cima do propiciatório que estava sobre a arca da aliança, entre os dois querubins; era assim que lhe falava" (Êx 25.22; Nm 7.89).

O propiciatório estava coberto pela nuvem de incenso no Dia da Expiação. "Na presença do Senhor porá o incenso sobre o fogo, de modo que a nuvem de incenso cubra o propiciatório que está sobre a arca da aliança; do contrário morreria" (Lv 16.13).

Foi aspergido com sangue. "Em seguida pegará um pouco do sangue do bezerro, e aspergirá com o dedo sobre a frente oriental do propiciatório. Fará igualmente com o dedo sete aspersões de sangue diante do propiciatório. Depois imolará o bode pelo pecado do povo, levará o sangue para trás do véu e fará com ele o mesmo que fez com o sangue do bezerro, aspergindo-o sobre o propiciatório e diante dele" (Lv 16.14,15).

Representa o trono da graça. "Acheguemo-nos, portanto, confiadamente junto ao trono da graça, a fim de recebermos misericórdia e acharmos graça para socorro em ocasião oportuna" (Hb 4.16).

Sobre ele os querubins manifestavam a glória de Deus. "A glória do Deus de Israel se levantou do querubim sobre o qual estava, indo até à entrada da casa; e o Senhor clamou ao homem vestido de linho, que tinha o estojo de escrevedor à cintura" (Ez 9.3).

Jesus: Salvador, Cristo e Senhor

No Santíssimo Lugar o crente recebe Jesus como Senhor de toda a sua vida. "E toda a língua confesse que Jesus Cristo é Senhor, para glória de Deus Pai" (Fp 2.11). Nos estágios anteriores ele conheceu Jesus como o seu Salvador, depois como o seu Cristo, mas agora se submete ao seu pleno senhorio.

Nos tempos do Império Romano era comum as pessoas se cumprimentarem publicamente com um enfático "César é o Senhor!" Quando, porém, assim se dirigiam a um cristão autêntico, este contestava corajosamente: "Não! Cristo é o Senhor!"

Este foi um dos pontos de discórdia entre o império e o cristianismo, pois, por causa disso, eram os crentes acusados de irreverentes ante as autoridades imperiais e insubmissos a elas.

Nas revoltas dos vegetarianos da China, duas missionárias, filhas de uma viúva da Austrália, foram massacradas. Quando a notícia da sua morte chegou à mãe, esta respondeu que, não tendo outras filhas para enviar ao campo missionário, ela mesma iria.

Assim, aos sessenta e dois anos de idade, essa senhora vendou tudo o que tinha, foi para o lugar onde as filhas haviam sido mortas, aprendeu a língua, levantou uma escola, dedicou vinte anos de serviço àquela comunidade e morreu com a idade de oitenta e dois anos, sendo enterrada ao lado das filhas, em Foochow.

As três não apenas haviam sido salvas, mas salvas para alegremente servir ao seu Senhor.

J. Wilbur Chapman perguntou certa vez ao General Booth, fundador do Exército da Salvação: "Diga-me, qual tem sido o segredo de seu grande sucesso?"

Booth respondeu: "Tanto quanto sei, Deus tem tudo quanto deveria ter de mim. Têm existido homens com inteligência superior à minha, com maiores oportunidades do que eu, mas desde o dia em que tive uma visão do que Deus poderia fazer com a pobre e velha Londres, tomei a decisão de que Deus teria tudo o que houvesse de William Booth".

Chapman aprendeu desta declaração que a grandeza do poder de um homem está na medida da sua entrega. Booth havia apresentado sua vida como um sacrifício vivo, e o mundo viu o resultado.

Livingstone, o grande missionário que passou trinta anos na obscura África, esteve perdido para o mundo por mais de dois anos. Quando Henry M. Stanley o encontrou, insistiu para que voltasse em sua companhia para a Inglaterra, mas o missionário recusou. Dois dias mais tarde, Livingstone escreveu em seu diário:

19 de março, meu aniversário. Meu Jesus, meu rei, minha vida, meu tudo. Eu novamente dedico todo o meu ser a ti. Aceita-me e concede-me, ó gracioso Pai, que antes que o ano termine eu possa findar meu trabalho. Isto peço em nome de Jesus. Amém.

Um ano mais tarde Livingstone foi encontrado morto, de joelhos.

O conhecido pastor chinês Hsi havia sido um pobre escravo do ópio antes da sua conversão, mas, ao ver pela fé o poderoso e amoroso Cristo de Deus, exclamou: "Ele me subjugou!"

Hsi recebeu Jesus não apenas como seu Salvador, mas como Senhor absoluto da sua vida. Por isso seu abençoado ministério continua inspirando as novas gerações de obreiros. Somente somos verdadeiros cidadãos dos céus quando nos submetemos por completo ao senhorio de Cristo, dando-lhe total autoridade sobre tudo que somos ou possuímos.

Não mais criança nem jovem, mas pai

Quando o crente já não é mais criança nem jovem, mas adulto, ou pai, é maior o seu conhecimento de Jesus. Ele o conhece agora como o Supremo Pastor das ovelhas. Note a seqüência: Bom Pastor, Grande Pastor, Supremo Pastor: "Ora, logo que o Supremo Pastor se manifestar recebereis a imarcescível coroa da glória" (I Pe 5.4).

Aos "pais", João escreve:

Pais, eu vos escrevo, porque conheceis aquele que existe desde o princípio... Pais, eu vos escrevi, porque conheceis aquele que existe desde o princípio (1 Jo 2.13,14).

O apóstolo do amor, pela forma repetitiva como se dirige aos pais, enfatiza a importância do conhecimento de Jesus. Comentando Efésios 3.17-19, Stanley Jones sugere pequena correção no v. 19, que deixaria o texto assim: "E oro para que, estando arraigados e fundados em amor, possais perfeitamente compreender, com todos os santos, qual seja a largura, e o comprimento, e a altura, e a profundidade, em conhecendo o amor de Cristo, que excede todo o entendimento..."

Será possível conhecer o amor de Cristo em toda a sua plenitude? Outro comentador de Efésios escreve:

> *Assim como Abraão recebeu o convite para olhar para os céus e contar as estrelas, a fim de que entendesse que era impossível enumerá-las; e assim como hoje em dia somos convidados através de um hino a contar nossas muitas bênçãos e enumerá-las uma a uma a fim de que a sua infinita quantidade aumente nossa gratidão e assombro, assim também o apóstolo ora para que os leitores se concentrem tão intensamente e de forma tão exaustiva na imensidão e glória do amor de Cristo que cheguem à compreensão de que esse amor excede o conhecimento.*
>
> *Coração e mente finitos nunca poderão chegar a uma cabal compreensão ou conhecimento do amor infinito. Mesmo na vida vindoura Deus jamais dirá aos seus redimidos: "Agora eu os tenho feito conhecer todo o que se pode dizer acerca deste amor. Fecho o livro, porque a última página tem sido lida". Sempre haverá mais e mais e ainda mais que dizer. E esta será a bênção da vida eterna.*

Acerca do Pai, escreve o apóstolo Paulo que "alguns ainda não têm conhecimento de Deus. Isto digo para vergonha vossa" (I Co 15.34). Oséias nos convida a prosseguirmos no conhecimento de Deus:

> *Conheçamos, e prossigamos em conhecer ao Senhor: como a alva a sua vinda é certa; e ele descerá sobre nós como a chuva, como chuva serôdia que rega a terra (Os 6.3).*

A Bíblia diz que o conhecimento de Deus resplandece em nossos corações "para iluminação do conhecimento da glória de Deus na face de Cristo" (2 Co 4.6); e menciona os resultados do conhecimento em Colossenses 1.9-10:

> *Por esta razão, também nós, desde o dia em que o ouvimos, não cessamos de orar por vós, e de pedir que transbordeis de pleno conhecimento da sua vontade, em toda a sabedoria e entendimento espiritual; a fim de viverdes de modo digno do Senhor, para o seu inteiro agrado, frutificando em toda boa obra, e crescendo no pleno conhecimento de Deus.*

No Santos dos Santos o crente anda dignamente diante do Senhor, agrada o Senhor em tudo e frutifica em toda a boa obra.

Com a expressão "pais", João qualifica o cristão na sua plena maturidade espiritual:

O pai gera filhos. João Hyde, como um verdadeiro pai espiritual, soube levar a Cristo milhares de pecadores. Em 1908 ele orou insistentemente por uma alma a cada dia, e ao findar aquele ano recolhera mais de quatrocentas. Em 1909 pediu duas almas por dia, e colheu oitocentas. Em 1910 clamou por quatro almas a cada dia, e obteve uma colheita ainda maior! Em todo o seu abençoado ministério, Hyde levou a Cristo cem mil almas, direta e indiretamente. Ele, como Paulo, podia dizer de seus milhares de filhos na fé: "Eu, pelo evangelho, vos gerei em Cristo Jesus" (I Co 4.15).

O pai possui autoridade. O livro de Atos mostra a autoridade de Pedro: "Não possuo nem prata nem ouro, mas o que tenho, isso te dou: em nome de Jesus Cristo, o nazareno, anda!" (At 3.6) Vemos esta mesma autoridade no caso de Ananias e Safira (At 5.1-11). Paulo, no incidente com Elimas, exerceu sua autoridade espiritual e o procônsul Sérgio Paulo creu maravilhado, vendo o que havia acontecido ao pervertedor dos retos caminhos do Senhor (At 13.6-12).

José, ao assumir a importante posição de governador do Egito, recebeu de Faraó o símbolo da sua autoridade, o anel: "Então tirou Faraó o seu anel de sinete da mão e o pôs na mão de José..." (Gn 41.42) O filho arrependido, depois de vestido, recebeu também um anel no dedo (Lc 15.22).

O pai toma posse do Evangelho. Como idôneo, o pai toma posse da herança do Evangelho. Veja estas expressões de Paulo: "Porque o nosso evangelho..." (I Ts 1.5) "Lembra-te de Jesus Cristo, ressuscitado de entre os mortos, descendente de Davi, segundo o meu evangelho" (2 Tm 2.8).

O pai sustenta. Jesus disse aos discípulos: "Dai-lhes vós mesmos de comer" (Mt 14.16). Aos pais, como "ministros de Cristo e despenseiros dos mistérios de Deus" (I Co 4.1), Pedro escreveu: "Servi uns aos outros, cada um conforme o dom que recebeu, como bons despenseiros da multiforme graça de Deus" (I Pe 4.10).

Possui o Espírito, Jesus e o Pai

No Santo dos Santos o crente possui o Espírito Santo, Jesus e o Pai. Jesus falou dessa presença do Pai nos crentes quando afirmou: "e viremos para ele e faremos nele morada"

(Jo 14.23). O apóstolo Paulo, depois de falar da plenitude de Deus no crente em Efésios 3.19, diz que o Pai está "em todos" (Ef 4.6).

Na mesma ordem em que as pessoas da Trindade aparecem em João 14.17,20,23, aparecem também em Efésios 3.16-19:

> *Para que, segundo a riqueza da sua glória, vos conceda que sejais fortalecidos com poder, mediante o seu Espírito no homem interior; e assim habite Cristo nos vossos corações, pela fé, estando vós arraigados e alicerçados em amor, a fim de poderdes compreender com todos os santos, qual é a largura, o comprimento, e a altura, e a profundidade, e conhecer o amor de Cristo que excede todo entendimento, para que sejais tomados de toda a plenitude de Deus.*

Muito se tem dito e escrito ultimamente sobre os diversos níveis da fé. Pastores como Schuller e Yonggi Cho não apenas se tem referido a certos níveis da fé como tremendas possibilidades, mas a têm demonstrado em seu labor ministerial.

O primeiro construiu a Catedral de Cristal em Garden Grove, Califórnia, com um custo superior a 18 milhões de dólares. Trata-se de um magistral templo, semelhante a uma gigantesca pedra preciosa bem lapidada, constituído de mais de dez mil placas de cristal, com uma estrutura de mais de vinte mil toneladas de concreto. Seu órgão possui mais de treze mil tubos. As atividades do Dr. Schuller alcançam uma boa parte do mundo, especialmente por meio da televisão e da literatura.

O segundo, autor do livro *A Quarta Dimensão*, é o líder de uma das maiores igrejas do mundo, na Coréia do Sul. Quando entrevistei o Dr. Cho em 1983, pude perceber em sua pessoa simples e humilde uma fé igualmente simples e humilde, porém posta nas infinitas possibilidades divinas.

No estudo da tipologia do Tabernáculo, há dois níveis de fé no pátio. Ali encontramos a fé salvadora que todo o cristão possui, como a primeira das três virtudes do cristianismo, e a fé como um dom do Espírito Santo (I Co 12.9). Como dom, essa fé nem sempre depende do amadurecimento cristão para se manifestar. Eu mesmo, quando novo convertido, fui curado instantaneamente mediante a oração de um jovem igualmente novo na fé, que possuía esse dom.

No Lugar Santo temos a fé como fruto do Espírito (Gl 5.22). Resultante de crescimento espiritual, essa fé é gerada em nós pelo Espírito Santo mediante o fortalecimento do nosso espírito, à medida que damos lugar à Terceira Pessoa da Trindade. Como representante de Cristo, o Espírito Santo vai formando em nós o caráter do Filho de Deus.

A fé, como fruto do Espírito, se manifesta em nós quando nos tornamos mais semelhantes ao Senhor Jesus, quando não apenas estamos nEle, mas Ele está em nós.

No Santíssimo Lugar, quando experimentamos as virtudes da fé, da esperança e do amor, possuímos aquela fé descrita em I Co 13.7 com estas palavras: "tudo crê". É esta a fé da maturidade espiritual, intimamente associada ao amor, que por sua vez se relaciona com o Pai.

Esse tipo de fé não esmorece, mas vai até o fim, até às últimas conseqüências. Vêmo-la, nas páginas da Bíblia, em Abraão ao oferecer Isaque; em Elias ao pedir a seca e ao enfrentar os profetas de Baal; nos três companheiros de Daniel lançados na fornalha ardente; em Jesus, nos apóstolos e em tantos outros heróis da fé. É a fé que se expressa nas palavras de Habacuque:

> *Ainda que a figueira não floresça, nem haja fruto na vide; o produto da oliveira minta, e os campos não produzam mantimento; as ovelhas sejam arrebatadas do aprisco e nos currais não haja gado, todavia eu me alegrarei no Senhor, exultarei no Deus da minha salvação (3.17,18).*

É a fé do patriarca Jó, que, mesmo despojado de tudo, exclama: "Quem me dera fossem agora escritas as minhas palavras! Quem me dera fossem gravadas em livro! Que, com pena de ferro, e com chumbo, para sempre fossem esculpidas na rocha! Porque eu sei que o meu Redentor vive, e por fim se levantará sobre a terra" (19.23-25).

É a fé que Paulo revelou possuir no final da sua vitoriosa carreira: "Porque sei em quem tenho crido, e estou bem certo que é poderoso para guardar o meu depósito até aquele dia" (2Tm 1.12). "Tudo posso naquele que me fortalece" (Fp 4.13).

O mais elevado nível de fé caracteriza-se pela plenitude de todas as coisas, quando o cristão está cheio do Espírito Santo (Ef 5.18), cheio de Cristo (Ef 4.13), cheio de Deus (Ef 3.19), e quando tudo sofre, tudo espera, tudo suporta (1 Co 13.7).

É servo, amigo e irmão do Senhor

No Santo dos Santos, o crente goza de íntima e amorosa comunhão entre irmãos. Jesus tratou seus discípulos primeiramente de servos, depois de amigos, e finalmente de irmãos. Estas três fases do relacionamento do crente com Jesus estão em João 15.15 e 20.17:

> *Já não vos chamo servos, porque o servo não sabe o que faz o seu senhor: mas tenho-vos chamado amigos, porque tudo quanto ouvi de meu pai vos tenho dado a conhecer... Recomendou-lhe*

Jesus: Não me detenhas; porque ainda não subi para meu Pai, mas vai ter com os meus irmãos, e dize-lhes: Subo para meu Pai e vosso Pai, para meu Deus e vosso Deus.

O servo apenas recebe ordens, por obrigação. O amigo serve por amor e sabe dos planos e razões do seu Senhor, mas o irmão goza de privilégios ainda maiores. Aos amigos Deus sempre revela o que vai realizar, como no caso de Abraão.

O Senhor disse consigo: Devo ocultar a Abraão o que vou fazer? Pois Abraão virá a ser uma nação grande e forte e nele serão abençoadas todas as nações da terra (Gn 18.17,18).

Davi escreveu que "a intimidade do Senhor é para os que o temem, aos quais ele dará a conhecer sua aliança", e Paulo escreveu acerca da sua última viagem a Jerusalém: "... o Espírito Santo, de cidade em cidade, me assegura que me esperam cadeias e tribulações" (Sl 25.14; At 20.23).

Aquele que se torna amigo de Deus e irmão de Jesus não tem surpresas desagradáveis, pois entre eles há diálogo franco e amoroso. "O Senhor falava frente a frente com Moisés, como alguém que fala com o seu amigo" (Êx 33.11). Jesus disse de João Batista: "O que tem a noiva é o noivo; o amigo do noivo que está presente o ouve, muito se regozija por causa da voz do noivo. Pois esta alegria já se cumpriu em mim" (Jo 3.29).

Quais as características de "irmãos" na Bíblia? Devem amar (Jo 13.34; 15.12, etc.); viver em concórdia (Gn 13.8; Sl 133; I Co 6.7); perdoar (Gn 50.17; Mt 18.21); visitar (At 15.36); ser abnegados (2 Co 8); restaurar os desgarrados (Gl 6.1); admoestar (2 Ts 3.15).

Jesus demonstrou todas essas virtudes em relação aos discípulos, "por isso não se envergonha de lhes chamar irmãos" (Hb 2.11).

A oração de João Hyde mostrava uma íntima comunhão com Deus, como irmão de Cristo. Numa das convenções na Índia, país onde serviu, ele ainda estava orando no seu gabinete quando o almoço já estava posto na mesa. Como os demais obreiros não queriam comer sem a presença dele, uma irmã foi ao gabinete do missionário e bateu à porta, dizendo: "Irmão Hyde, o almoço já está na mesa". E ouviu quando ele perguntou: "Senhor, posso ir agora?" E, depois de agradecer, levantou-se e foi ao almoço.

Outro belo exemplo de oração íntima e de plena comunhão com Deus nos foi deixado pelo Marquês de Renty. Certa vez, ao dirigir-se ao seu gabinete para orar, pediu a um criado que o chamasse meia hora depois. Chegada a hora, o criado não teve coragem de o chamar, ao vê-lo com o rosto brilhando e banhado em lágrimas e apenas movendo suavemente os lábios.

O criado esperou mais meia hora, porém, ao ver o seu senhor na mesma profunda comunhão, ainda desta vez não teve coragem de chamá-lo. Somente depois de mais trinta minutos, portanto após uma hora e meia de oração, o criado chamou Renty, e este perguntou surpreso: "Mas já se passou meia hora?"

Orar é dialogar com Deus, gastar tempo na presença dEle. Um evangelista muito conhecido viajava de um lado para outro atendendo compromissos, pois era muito solicitado. Numa de suas viagens por via férrea, a locomotiva quebrou justamente num lugar despovoado, onde não havia qualquer outra condução disponível.

Quando o chefe do trem avisou os passageiros de que teriam de esperar algumas horas por socorro, o pregador, muito impaciente pelo fato de não poder chegar a tempo de cumprir o seu compromisso, afastou-se do local, assentou-se debaixo de uma árvore e começou a reclamar com o Senhor, dizendo: "Como pode me acontecer isso, se sou teu servo e o teu povo me aguarda?"

E enquanto derramava assim as suas queixas, o pregador foi envolvido pela forte presença divina e sentiu claramente a doce voz de Deus sussurrar-lhe ao coração: "Meu servo, fui Eu mesmo quem preparou este incidente. Há muito tempo precisava falar contigo, queria conversar, mas tu tens estado demasiadamente ocupado com tantos compromissos, e não tens tido tempo para mim".

Essa experiência mudou completamente a vida daquele dinâmico obreiro. Ele aprendeu que, mais importante do que correr à frente de Deus, é ser dirigido por Ele, conduzido pelo seu Espírito. O evangelista compreendeu o motivo pelo qual Deus procura adoradores que o adorem em espírito e em verdade.

Com esta ilustração não estamos justificando o pastor que passa todo o tempo assentado confortavelmente em seu gabinete, indiferente às necessidades espirituais de suas ovelhas, e da sua comunidade. O mesmo Deus que quebra o trem a fim de frear os apressados, quebra também a cadeira para levar às ruas os acomodados.

A recente história da Igreja na China parece indicar que Deus "quebrou" lá muitas "cadeiras". Quando o comunismo tomou posse daquele país, em 1949, matou alguns pastores, enviou outros para distantes prisões e obrigou as esposas desses obreiros a trabalharem nas fábricas e nos campos junto de outras mulheres. Resultado: o Evangelho chegou rapidamente onde nunca antes havia sido anunciado, como na Mongólia, por exemplo.

Ao se entreabrirem as portas da China, os estrangeiros descobriram milhares de reuniões familiares por todo o país e inúmeras vilas totalmente evangelizadas. Havia milagres, cura divina, batismo com o Espírito Santo e dons espirituais. O número de crentes subiu de menos de dois milhões, em 1949, para cerca de cinqüenta milhões, em 1984. Foi como tirar o sal da prateleira e lançá-lo na sopa.

A Palavra, o Espírito e a Glória

No Santo dos Santos o crente é iluminado não apenas pela Palavra e pelo Espírito, mas também pela glória de Deus. "Então a nuvem envolveu a Tenda da reunião, e a glória do Senhor tomou conta da morada" (Êx 40.34). "E sobre ela os querubins de glória que, com a sua sombra, cobriam o propiciatório. Dessas cousas, todavia, não falaremos agora pormenorizadamente" (Hb 9.5).

Quando estamos no Santo dos Santos, o nosso rosto reflete a glória de Deus. "E todos nós com o rosto desvendado, contemplando como por espelho, a glória do Senhor, somos transformados de glória em glória, na sua própria imagem, como pelo Senhor, no Espírito" (2 Co 3.18).

A glória de Deus nos transforma de glória em glória, como ocorreu com Moisés e com Jesus: "E foi transfigurado diante deles; o seu rosto resplandecia como o sol, e as suas vestes tornaram-se brancas como a luz" (Mt 17.2).

O diácono Estêvão, quando acusado injustamente pelo Sinédrio, refletiu no seu rosto a glória de Deus. Seus inimigos "viram o seu rosto como se fosse rosto de anjo... Estêvão respondeu: Varões irmãos e pais, ouvi. O Deus da glória apareceu a nosso pai Abraão, quando estava na Mesopotâmia, antes de habitar em Harã... Mas Estêvão, cheio do Espírito Santo, fitou os olhos no céu e viu a glória de Deus, e Jesus, que estava à sua direita, e disse: Eis que vejo os céus abertos e o Filho do homem em pé à destra de Deus" (At 6.15; 7.2,55,56).

No Santo dos Santos somos fortalecidos "com todo o poder, segundo a força da sua glória..." (Cl 1.11)

Este texto também nos diz que somos feitos herdeiros e idôneos para participar da herança. Embora o Evangelho nos pertença, nem todos os crentes tomam posse dele, pois, para tanto é preciso idoneidade espiritual, é preciso crescimento. Somente quando assumimos a maioridade tomamos posse da herança que nos pertence.

Fruto, mais fruto e muito fruto

No Santo dos Santos o crente dá muito fruto, ou 100 por um: "Eu sou a videira, vós os ramos. Quem permanece em mim, e eu nele, esse dá muito fruto; porque sem mim nada podeis fazer" (Jo 15.5).

Dando 100 por um alcança-se a maior frutificação, conforme Marcos 4.8: "Outras, enfim, caíram em boa terra, e deram fruto que vingou e cresceu, produzindo a trinta, a sessenta e a cem, por um". Mas, para que dê muito fruto, a semente precisa morrer. "Em verdade, em verdade vos digo: Se o grão de trigo, caindo na terra, não morrer, fica ele só; mas se morrer, produz muito fruto" (Jo 12.24).

Eis o testemunho de Paulo: "Porque eu, mediante a própria lei, morri para a lei, a fim de viver para Deus. Estou crucificado com Cristo; logo já não sou eu quem vive, mas Cristo vive em mim; e esse viver que agora tenho na carne, vivo pela fé no Filho de Deus, que me amou e a si mesmo se entregou por mim" (Gl 2.19,20).

Se Jesus diz que sem ele nada podemos fazer, e diz isso justamente quando fala da maior frutificação do crente, significa que nós só daremos muito fruto quando reconhecermos a nossa nulidade sem a pessoa de Jesus. A nossa completa e perfeita frutificação depende do nosso completo e perfeito desaparecimento. Nosso valor pessoal tem de tornar-se zero, não um zero à frente de Jesus, mas à sua retaguarda.

Mesmo que atribuamos a Jesus um valor mínimo, como o número um, a nossa vida será cada vez mais abençoada e frutífera à medida que colocamos atrás de Jesus os zeros da nossa cultura, dos nossos bens, dos nossos cursos, etc.

Quando morremos para nós mesmos e para o mundo, então o Espírito de Deus nos guia. "Quem crer em mim, como diz a Escritura, do seu interior fluirão rios de água viva" (Jo 7.38), e isso falava Jesus do Espírito Santo que os crentes haviam de receber. O apóstolo Paulo refere-se à terceira Pessoa da Trindade com estas palavras: "Pois todos os que são guiados pelo Espírito de Deus são filhos de Deus" (Rm 8.14).

Segundo estes textos bíblicos, quando somos guiados pelo Espírito Santo, somos conduzidos ou levados pelo rio de Deus. Já não impomos resistência, mas nos entregamos à ação do Espírito, que, como um poderoso e caudaloso rio, nos conduz para dentro da soberana vontade divina. Quantos estão apenas molhando os pés nas margens desse rio, quando deveriam avançar para as águas profundas e cristalinas até flutuar e ser por elas arrastados!

Nos meus primeiros dias de fé, dirigia-me numa manhã de domingo ao lar de um jovem que comigo havia prestado o serviço militar. Era ele um bom crente e muito me ajudara nos primeiros passos no Evangelho. No domingo anterior, quando me dirigia à residência dele em companhia de outro jovem, passamos junto à moradia de um casal desviado da igreja e agora entregue à prática da feitiçaria. Quando soube disso fiquei assombrado.

Agora, entretanto, embora estivesse só, não sentia qualquer receio ao me aproximar daquela casa arruinada pelo fetichismo. Sentia tanto poder que, sem que eu mesmo percebesse, pus-me a caminhar em direção à casa dos desviados. E à medida que me aproximava, ia sentindo ondas de poder cada vez maiores invadindo minha vida, como se eu fosse explodir.

Chegando à humilde residência, bati e disse à pessoa que me atendeu o motivo da minha visita: queria orar por eles. Abriram-me a porta da sala e, ao entrar, a casa me parecia pequena, tão cheio me sentia do poder de Deus. Eu quase não conseguia falar. As palavras saíam como que com o ímpeto de muitas águas represadas. Pedi uma Bíblia, pois desejava ler o Salmo 91.

A senhora, com muito custo achou uma Bíblia toda mutilada, faltando diversas folhas. Como não havia nela o Salmo 91, resolvi ler o 46. As palavras saíam-me da boca como raios, como descargas elétricas. Ao terminar a leitura, dobramos os joelhos e orei com tanto poder que lágrimas incomuns, produzidas por uma comoção espiritual muito forte, molharam a cadeira na qual me debruçara. Aquela família ficou liberta da presença dos demônios, numa experiência que marcou profundamente a minha vida.

Hoje, quando leio sobre ser guiado pelo Espírito Santo, lembro-me daquela experiência. De fato, por mim mesmo jamais tomaria a iniciativa de ir àquele local, de orar naquele lar, mas o fiz fortemente conduzido pelo Espírito Santo.

Fui levado no poder do Espírito Santo, e Deus fez uma obra maravilhosa.

Entretanto, naquele mesmo abençoado dia, depois de fazer algumas visitas, de participar de cultos de evangelização ao ar livre e de assistir ao culto da noite, eu e alguns colegas, que ainda servíamos ao Exército, fomos à estação ferroviária e tomamos o trem da Central para Resende, distante cerca de uma hora de Barra Mansa.

Alguns colegas foram descendo no caminho, de maneira que acabei ficando só no vagão, e com um estranho cidadão à minha frente. Este começou a falar-me que estava indo à Aparecida do Norte, para pagar uma promessa, como um bom religioso. Disse que já havia cometido muitos crimes e matado muitas pessoas.

Enquanto ouvia aquele homem, alguma coisa falava dentro de mim que ele estava possuído de demônios. Eu estava um pouco assustado, pois éramos apenas eu e ele naquele enorme vagão quase às escuras. De fato, o semblante dele denunciava uma vida marcada por ódio e violência. Quando ele falava de sua religião e disse que era um filho de Deus, alguma coisa me fez aproximar do ouvido dele e dizer em voz alta, bem acima do forte ruído do trem sobre os trilhos: "Mas o filho de Deus tem de ser santo, porque Ele é santo".

Quando pronunciei estas palavras o homem quase desmaiou. Ficou pálido e abaixou a cabeça acanhado e trêmulo. Comecei então a pensar nas palavras por mim proferidas — por que as dissera? Mas elas saíram dos meus lábios sem que eu mesmo o percebesse! O homem levantou-se como que coberto de vergonha, e humildemente dirigiu-se a um outro carro. Compreendi que o mesmo inimigo vencido pela manhã, o fora também naquela noite.

Permitam-me contar outro lindo testemunho sobre a maravilhosa direção do Espírito Santo. Quando a longa rodovia Belém-Brasília, de cerca de dois mil quilômetros, estava ainda em fase de construção, um irmão, conduzindo seu veículo de carga, por ela transitava um pouco preocupado com a hora, pois a noite se aproximava e algumas tribos hostis habitavam aquela região.

Enquanto esse irmão guiava, cantava hinos. Era um crente cheio de alegria. De repente, quando a noite já descia o seu manto negro sobre as matas, houve um problema no motor e o caminhão parou. O caminhoneiro não se afligiu, por tratar-se de um defeito de rotina. Entretanto, desta vez falharam todas as tentativas de eliminar o defeito. Preocupado com os perigos do lugar e sem saber o que fazer, ele fechou-se na cabina, subiu os vidros e começou a orar, pedindo proteção e orientação de Deus. Temia ter de passar a noite ali, uma vez que por aquela estrada e àquelas horas dificilmente receberia socorro.

Enquanto assim meditava e orava, alguém aparece à margem da estrada e acena-lhe com uma das mãos. Ele abaixa o vidro e compreende que um índio o chama. Sem entender bem o que se passava, mas sentindo o impulso do Espírito, resolve acompanhar o nativo. Este segue alguns metros à frente, de vez em quando olhando para trás a fim de certificar-se de que estava sendo seguido. Repentinamente o caminhoneiro chega a uma clareira e se vê rodeado por índios surgidos como que por encanto de todos os lados. Que fazer?

Sem conhecer a língua e as intenções deles, ele compreende que só lhe resta orar. Levanta as mãos aos céus e começa a clamar fervorosamente. Sente intensamente o poder do Espírito Santo e percebe que suas palavras, proferidas numa nova língua, estão fora do seu controle. A oração dura alguns minutos, e, apesar de não estar fazendo calor, ele transpira até molhar a roupa. Ao abrir os olhos, uma cena tocante: Os nativos estão prostrados e chorando convulsivamente!

Da maneira como chegou àquele local, foi reconduzido ao seu caminhão. Lá, consegue consertar o veículo e continuar a viagem, agora ainda mais transbordante de gozo pelo fato de ter podido, de maneira tão extraordinária e admirável, falar do grande amor de Deus àquelas pobres criaturas.

Este testemunho mostra que, quando estamos com as nossas vidas depositadas nas mãos de Deus, Ele as pode usar e guiar na unção do seu Espírito. Para aquele irmão, o milagre do Pentecoste se repetira para salvação daquelas vidas tão carentes de alguém que lhes anunciasse o glorioso Evangelho de Cristo.

Vivificado, ressuscitado e elevado

No Santo dos Santos, o crente permanece na presença de Deus possuindo vida com abundância, como prometeu Jesus (Jo 10.10). Aos seus discípulos Jesus disse que é "o caminho, a verdade e a vida" (Jo 14.6).

À medida que o crente avança em direção ao Santo dos Santos, ele tem um conhecimento cada vez maior dos atributos de Jesus. Conhece-o primeiramente como o Caminho (no Pátio), depois, ao adentrar o Santuário, descobre que Jesus é também a Verdade e, finalmente, no Santíssimo Lugar, ele vê Jesus como a Vida. Por isso ele tem vida em abundância.

Assim, o crente no Santíssimo Lugar não está apenas vivificado e ressuscitado, mas também elevado às alturas. Diz o apóstolo: "E estando nós mortos em nossos delitos, nos deu vida juntamente com Cristo — pela graça sois salvos, e juntamente com ele nos ressuscitou e nos fez assentar nos lugares celestiais em Cristo Jesus" (Ef 2.5,6).

Isaías registra: "Mas os que esperam no Senhor renovam as suas forças, sobem com asas como águias, correm e não se cansam, caminham e não se fatigam" (Is 40.31).

As três obras realizadas por Deus na vida de Jesus, após o seu sepultamento, são realizadas também em nossa própria vida, como crentes. Primeiramente somos vivificados. Jesus o foi no túmulo. Depois somos ressuscitados. Jesus também o

Cristo, por sua ressurreição, nos introduziu no Lugar Santíssimo

foi. Aqui se trata de uma ressurreição moral e espiritual, da manifestação da nova vida ao mundo.

Finalmente, quando chegarmos ao Lugar Santíssimo, somos assentados nos lugares celestiais através das asas da humilhação. Disse Jesus: "Quem a si mesmo se exaltar será humilhado; e quem a si mesmo se humilhar será exaltado" (Mt 23.12). Tiago recomenda: "Humilhai-vos, portanto, sob a poderosa mão de Deus, para que ele, em tempo oportuno, vos exalte" (I Pe 5.6).

Um dos mais belos hinos cantados no Brasil foi escrito por Frida Vingren, esposa do pioneiro das Assembléias de Deus no Brasil, Gunnar Vingren. Suas inspiradas estrofes falam do valor da submissão e da humildade na vida cristã:

> Bem-aventurado o que confia
> no Senhor, como fez Abraão;
> ele creu, ainda que não via,
> e, assim, a fé não foi em vão.
> É feliz quem segue, fielmente,
> nos caminhos santos do Senhor;
> na tribulação é paciente,
> esperando no seu Salvador.
>
> Os heróis da Bíblia Sagrada
> não fluíram logo seus troféus,
> mas levaram sempre a cruz pesada
> para obter poder dos céus.
> E depois saíram pelo mundo
> como mensageiros do Senhor,
> com coragem e amor profundo,
> proclamando Cristo, o Salvador.

Quem quiser de Deus ter a coroa
passará por mais tribulação;
às alturas santas ninguém voa
sem as asas da humilhação.
O Senhor tem dado aos seus queridos
parte do seu glorioso ser;
quem, no coração, for mais ferido,
mais daquela glória há de ter.

Quando aqui as flores já fenecem,
as do céu começam a brilhar;
quando as esperanças desvanecem,
o aflito crente vai orar.
Os mais belos hinos e poesias
foram escritos em tribulação,
e do céu, as lindas melodias
se ouviram na escuridão.

Sim, confia tu inteiramente
na imensa graça do Senhor!
Seja, de ti, longe o desalento
e confia no seu santo amor.
Aleluia! seja a divisa
do herói e todo o vencedor;
e do céu mais forte vem a brisa,
que te leva ao seio do Senhor.

Quando estamos assentados nos lugares celestiais em Cristo Jesus, temos uma visão maior da terra porque estamos afastados dela, e compreendemos melhor as carências deste mundo por estarmos mais perto do Céu.

Há um interessante testemunho de João Wesley. Ele caminhava por uma estrada rural em companhia de certo irmão muito aflito, que falava da sua situação muito difícil. Enquanto caminhava cabisbaixo e contava seu drama ao evangelista, este pára de repente, mostra ao companheiro uma vaca com o pescoço esticado sobre um muro, e pergunta?

— Por que aquela vaca está olhando por sobre o muro?

E o irmão, surpreso com a pergunta, responde:

— Ora, é porque ela não pode ver através do muro.

Então João Wesley pôs a mão no ombro daquele servo desesperado e disse:

— É assim que o irmão deve fazer. Olhe por cima. Não tente olhar através das dificuldades, das provações, mas por cima delas.

Quando estamos assentados nos lugares celestiais temos uma visão diferente das dificuldades da vida, pois as vemos segundo o ponto de vista das potencialidades de Deus. Jesus está a caminho, para atender a súplica de um pai desesperado, quando alguns chegam e dão ao pobre homem a triste notícia: "Tua filha já morreu; por que ainda incomodas o Mestre? Mas Jesus, sem acudir a tais palavras, diz ao chefe da sinagoga: Não temas, crê somente" (Mc 5.35,36).

Necessitamos de orar, não apenas para que Deus nos dê tarefas segundo a nossa capacidade, mas para que Ele nos capacite, a fim de realizarmos tarefas segundo a sua soberana vontade e seu grande poder que se aperfeiçoa na fraqueza. Quem pode orar e agir assim tão eficazmente?

AquEle que adentrou o Lugar Santíssimo do Tabernáculo e se assentou nos lugares celestiais em Cristo Jesus, tem esse poder!

APÊNDICE

NOSSO CRESCIMENTO ESPIRITUAL E A TRINDADE

O ESPÍRITO SANTO

NO PÁTIO

1. Possui a presença do Espírito Santo (Gl 3.3)
2. Possui o Espírito Santo como Espírito Santo (Ef 3.16)
3. Possui os dons do Espírito Santo (I Co 12.4,8-11)

NO LUGAR SANTO

1. Possui a paixão do Espírito Santo (Gl 5.17)
2. Possui o Espírito Santo como representante de Cristo (Ef 3.17)
3. Possui o fruto do Espírito Santo (Gl 5.22)

NO LUGAR SANTÍSSIMO

1. Possui o controle do Espírito Santo (Gl 5.18)
2. Possui o Espírito Santo como representante do Pai (Ef 3.19)
3. Possui o poder do Espírito Santo (Lc 4.14; At 4.33; 10.38)

O FILHO

NO PÁTIO

1. Conhece o Filho como Jesus (Rm 1.4; Fp 2.11)
2. Conhece o Filho como o Caminho (Jo 14.6)
3. Conhece o Filho como Bom Pastor (Jo 10.11)

NO LUGAR SANTO

1. Conhece o Filho como Jesus e Cristo (Rm 1.4; Fp 2.11)
2. Conhece o Filho como a Verdade (Jo 14.6)
3. Conhece o Filho como o Grande Pastor (Hb 13.20)

NO LUGAR SANTÍSSIMO

1. Conhece o Filho como Jesus, Cristo e Senhor (Rm 1.4; Fp 2.11)
2. Conhece o Filho como a Vida (Jo 14.6)
3. Conhece o Filho como Supremo Pastor (1 Pe 5.4)

O PAI

NO PÁTIO

1. É filho de Deus (Jo 1.12)
2. O Pai está sobre Ele (Ef 4.6)

NO LUGAR SANTO

1. Anda na luz de Deus (1 Jo 1.7)
2. O Pai é por Ele (Ef 4.6)

NO LUGAR SANTÍSSIMO

1. Conhece a Deus (1 Jo 4.7)
2. O Pai está nEle (Ef 4.6)

ASPECTOS DO NOSSO TRÍPLICE DESENVOLVIMENTO ESPIRITUAL À LUZ DO TABERNÁCULO

NO PÁTIO

1. Celebra a Festa da Páscoa (I Co 5.7)
2. Possui a luz da Palavra (Sl 119.105)
3. É justificado (Rm 5.1)
4. Dá fruto (Jo 15.2)
5. Sua frutificação é 30 por um (Mc 4.8)
6. É servo do Senhor (Jo 15.15)
7. É criança (I Co 3.1)
8. É filhinho (I Jo 2.12)
9. Possui a virtude da fé (I Co 13.13)
10. É vivificado em Cristo (Ef 2.5)
11. Conhece a cruz de Cristo (Gl 6.14)

NO LUGAR SANTO

1. Celebra a Festa de Pentecoste (At 1.8)
2. Possui a luz do Espírito Santo (Mt 5.16)
3. É santificado (Hb 10.10,14)
4. Dá mais fruto (Jo 15.2)
5. Sua frutificação é 60 por um (Mc 4.8)
6. É amigo do Senhor (Jo 15.15)
7. É jovem (I Jo 2.13,14)
8. É filho (I Jo 2.13)
9. Possui a virtude da fé e da esperança (I Co 13.13)
10. É vivificado e ressuscitado em Cristo (Ef 2.6)
11. Leva a sua própria cruz (Mc 8.34)

NO LUGAR SANTÍSSIMO

1. Celebra a Festa dos Tabernáculos (Jo 14.23)
2. Possui a luz da glória (2 Co 3.18)
3. É glorificado (Rm 8.30)
4. Dá muito fruto (Jo 15.5)
5. Sua frutificação é 100 por um (Mc 4.8)
6. É irmão do Senhor (Jo 20.17)
7. É adulto (1 Co 13.11)
8. É pai (1 Jo 2.13,14)
9. Possui a virtude da fé, da esperança e do amor (1 Co 13.13)
10. É vivificado, ressuscitado e elevado em Cristo (Ef 2.6)
11. É crucificado com Cristo (Gl 2.20)

OUTROS ASPECTOS DO NOSSO TRÍPLICE DESENVOLVIMENTO ESPIRITUAL À LUZ DO TABERNÁCULO

NO PÁTIO

12. Gloria-se na esperança da glória de Deus (Rm 5.2)
13. Vestido de salvação (Is 61.10; Lc 15.22)
14. Seu viver é sensato (Tt 2.12)
15. Sua consagração começa pelo espírito (1 Ts 5.23)
16. A vontade de Deus é boa (Rm 12.2)
17. Seu sacrifício espiritual é vivo (Rm 12.1)
18. Possui os dons do Espírito Santo (1 Co 12.4)
19. Batizado na nuvem (Êx 13.21,22; 1 Co 10.1,2)
20. Pede (Mt 7.7,8)
21. Oração e súplica (Fp 4.6; Cl 4.2)
22. Deixando o Egito (Êx 12.37)

NO LUGAR SANTO

12. Gloria-se nas tribulações (Rm 5.3)
13. Anel da autoridade (Lc 15.22; Gn 41.42)
14. Seu viver é justo (Tt 2.12)
15. Sua consagração continua na alma (1 Ts 5.23)
16. A vontade de Deus é agradável (Rm 12.2)
17. Seu sacrifício espiritual é santo (Rm 12.1)
18. Possui os ministérios dados pelo Filho (1 Co 12.5)
19. Batizado no mar (Êx 14.21; 1 Co 10.1,2)
20. Busca (Mt 7.7,8)
21. Ação de graças (Fp 4.6; Cl 4.2)
22. No deserto (Êx 15.22)

NO LUGAR SANTÍSSIMO

12. Gloria-se na própria pessoa de Deus (Rm 5.11)
13. Sandálias do evangelho (Lc 15.22; Ef 6.15)
14. Seu viver é piedoso (Tt 2.12)
15. Sua consagração alcança o corpo (1 Ts 5.23)
16. A vontade de Deus é perfeita (Rm 12.2)
17. Seu sacrifício espiritual é agradável a Deus (Rm 12.1)
18. Possui as realizações do Pai (1 Co 12.6)
19. Batizado no Jordão (Js 4.22,23; Sl 66.6)
20. Bate (Mt 7.7,8)
21. Adoração (Jo 4.23)

BIBLIOGRAFIA

Romano Guardini, *O Senhor*, tradução de Fernando Gil, Lisboa, Livraria Agir Editora, 1964, pp. 400-401.

C. H. Mackintosh, *Estudos sobre o Livro de Êxodo*, Depósitos de Literatura Cristã, Lisboa, Portugal, 1978, p. 216.

C. H. Mackintosh, ob. cit., p. 223.

C. H. Mackintosh, ob. cit., p. 221.

João Bunyan, *O Peregrino*, Casa Publicadora das Assembléias de Deus, Lisboa, Portugal, 1981, p. 126.

C. H. Mackintosh, ob. cit., p. 108.

E. Stanley Jones, *Cristo e o Sofrimento Humano*, Imprensa Metodista, S. Paulo, 1949, pp. 141, 142, 144.

C. H. Mackintosh, *Estudos sobre o Livro de Levítico*, Depósitos de Literatura Cristã, Lisboa, s/data, p. 228.

C. H. Mackintosh, Idem, pp. 229-230.

Vocabulário Bíblico, ASTE, São Paulo, p.113.

Miguel Rizzo Júnior, *Cristianismo Positivo* (Edições Unitas, S. Paulo, sem data).

Idem.

Guillermo Hendriksen, *Efésios — Comentario del Nuevo Testamento*, Subcomission Literatura Cristiana de la Iglesia Cristiana Reformada, Grand Rapids, Michigan, 1984, p. 190.